KB149454

교육의 상상력

교사와 부모가 함께 그리는 행복한 교육

국립중앙도서관 출판시도서목록(CIP)

교육의 상상력 : 교사와 부모가 함께 그리는 행복한 교육 / 김찬호
[지음]. — 서울 : 한국방송통신대학교출판부, 2008
  p. ; cm. — (아로리총서 ; 2 - 교육과 미래1)

ISBN 978-89-20-92822-2 04080 : ₩5900
ISBN 978-89-20-92820-8(세트)

교육[敎育]

370.4-KDC4
370.2-DDC21   CIP2008003465

교육의 상상력

교사와 부모가 함께 그리는 행복한 교육

ⓒ 김찬호, 2008

2008년 12월 1일 초판 1쇄 펴냄
2016년 3월 15일 초판 4쇄 펴냄

지은이 / 김찬호
펴낸이 / 이동국

편집 / 장웅수
표지 및 본문 디자인 / 보빙사
인쇄용지 / 한술제지(주)

펴낸곳 / (사)한국방송통신대학교출판문화원
        등록 1982년 6월 7일 제1-491호
        주소 서울특별시 종로구 이화장길 54 (우03088)
        전화 02-3668-4764
        팩스 02-741-4570
        홈페이지 http://press.knou.ac.kr

<지식의 날개>는 한국방송통신대학교출판문화원의
교양도서 브랜드입니다.

아로리총서 : 교육과 미래-1

교육의 상상력
교사와 부모가 함께 그리는 행복한 교육

김 찬 호

왜 상상력인가?

"우리가 9·11 테러를 맞은 이유는 안보의 실패 때문이 아니라 상상력의 실패 때문이었다." (9.11 was not a failure of security, but of imagination.) 2001년 미국 역사상 처음으로 본토에서 무력 침공을 받은 미국이 충격을 가라앉히고 왜 자기들이 이런 어이없는 일을 당했는가를 냉정하게 분석하면서 나왔던 말이다. 왜 상상력이 문제가 되었을까. 사실 그 사건이 터지기 전에 여러 가지 의심스러운 징후들이 관련 수사 당국에 의해 포착되고 중요한 정보들이 입수되었다. 그런데 그러한 단편적인 사실들이 조합되어 어떤 시나리오로 연출될지에 대해서는 생각이 부족했다. 그 결과 상황을 점검하면서 만일의 사태에 대비하고 방어하는 시스템에 커다란 허점이 생겼고, 결국 그 정곡이 예리하게 찔리고 말았다. 한마디로 미국의 국방부와 수사 당국이 알카에다의 상상력을 따라가지 못했다는 것이다.

상상력이라고 하면 흔히 예술과 관련이 깊은 것으로 여겨진다. 예술가들은 끊임없는 상상으로 미지의 세계에 도전하고 창조한다. 상상력과 예술의 관련성은 자명해 보인다. 상상력의 핵심 모티브 가운데 하나는 놀이 감각이고, 예술은 그 에너지를 효과적으로 이끌어내기 때문이다. 인간은 다른 동물과 달리 어른이 되어서도 유희 충동을 계속 보유하고 있다. 그 에너지를 잘 이끌어내면 사람들은 외적인 강제나 보상에 의해서가 아니라 자발적으로, 그리고 흥미를 느끼며 어떤 일을 할 수 있다. 바로 그 창조의 즐거움이 사회와 삶을 바꾸는 중요한 원동력이 될 때가 많다. 지금 세계적인 디자인의 흐름을 살펴보아도 재미를 위해 일상품들에 소박한 판타지를 가미하는 경향이 뚜렷하다.

그러나 상상력은 예술이나 디자인만이 아니라 인간의 지적 활동 전반에 연관된다. 루트번스타인 부부는 창조적인 인물들의 비결을 분석한 책, 『생각의 탄생』에서 상상력의 중요성에 대해 다음과 같이 설명하고 있다. "예술뿐만 아니라 과학에서도 마찬가지다. 루이 파스퇴르는 실험자가 품는 '환상'은 그의 능력에서 가장 많은 부분을 차지하고 있다고 말한다. 아인슈타인 역시 창조적인 일에는 상상력이 지식보다 중요하다고 단언한다. 피카소는 예술은 사람들이 진실을 깨닫게 만드는 거짓말이라고 했다. 수많은 과학자나 예술가들과 마찬가지로 그는 상상력이 단순히 진실을 발견하게 하는 것이라고는 생각하지 않았다. 그는 상상력이 진실을 '이룬다'고 생각했다."

이제 상상력은 점점 더 많은 영역에서 요구되는 능력이다. 전쟁에서 정치, 스포츠, 기업 경영에 이르기까지 인간의 상상력이 점점 중요해지고 있다. 프랑스 의학자 에밀 쿠에는 현실을 움직이는 힘이라는 차원에서 상상력의 가치를 다음과 같이 분석한다. "상상이 의지보다 큰 힘을 발휘한다. 이 법칙을 3가지로 요약하면 다음과 같다. 첫째, 의지와 상상력의 대결에서는 늘 상상력이 이긴다. 둘째, 의지와 상상력이 같은 방향으로 발휘되면 그 에너지는 두 배가 아니라 몇 배로 늘어난다. 셋째, 상상력은 스스로 조절할 수 있는 영역이다."(구트룬 페이, 『똑똑한 대화법』) 9·11 테러를 당한 것이 상상력의 빈곤 때문이라는 지적과 일맥상통하는 생각이라 할 수 있다.

그러나 상상력의 의의는 군사적 전략이나 기업의 경쟁력, 과학적인 발견 등 도구적이고 물질적인 차원에 머물지 않는다. 상상력을 통해 감성의 부피를 확장함으로써 삶의 격조를 고양시키는 것이 더 중요하다. 공적 영역과 사적 영역 모두에서 점점 소통이 어려워지면서 이른바 '비폭력 대화', '감정 코칭', '의사소통 기법(social skill)' 등의 프로그램들이 나오고 있는데, 그 모든 경우에 공감 능력은 핵심으로 자리 잡고 있다. 타인의 심경을 그 입장에서 상상하면서 상대방에게 온전히 감정을 이입할 수 있는 능력은 사회적 지능의 핵심을 이룬다.

상상력은 더욱 근본적으로 자아 형성의 차원에서 한결 그 빛을 발한다. 똑같은 현실을 경험하면서도 그것을 어떻게 해석하고 받아들이는가에 따라 행복과 불행이 좌우되기 때문이다. 내면의 힘을 갖추지 못한 사람은 황폐한 일상을 살아가면서 돈과 권력과 허영과 쾌락에만 매달린다. 가슴 뿌듯한 인생을 영위하기 위해서는 스스로 삶의 의미를 창출하고 기쁨의 에너지를 생성해낼 수 있는 상상력이 필요하다. 지금은 저 아득한 신화시대부터 인간의 삶과 사회에 거대한 영역으로 이어져온 상상계가 그 어느 때보다도 절실하다.

우리의 교육은 상상의 힘을 적절히 키워 주고 있는가. 인간은 누구나 유아기 때 기발한 상상력을 발휘하면서 세상과 교섭하고 자아를 형성해간다. 그래서 학습과 놀이 사이에 구별이 없다. 그런데 나이가 들어 학교에 들어가면서 상상력에 제약이 가해지기 시작한다. 아니, 요즘에는 조기교육의 범람 속에서 입학 전부터 생각과 느낌이 둔해지기 시작한다. 우리의 현실에서 교육과 상상력은 섞이기 어려운 영역인 듯 보인다. 그 결과 치러야 하는 대가는 늘 지적되듯 청소년들의 창의성 부족이다. 공부를 하면 할수록 틀에 박힌 사고에 갇히는 것이다.

다시 강조하건대 상상력의 빈곤은 남다른 아이디어를 내지 못하는 정도의 문제에 그치지 않는다. 가장 중요한 것은 삶에 대한 상상력이다. 모든 상황이 우울하게 돌아가고 특히 경제가 날로 악화되는 가운데 아이들과 청년들은 미래에 대한 극도의 불안에 시달리고 있다. 그러나 사람은 외적인 조건에 의해서만 규정되는 동물이 아니다. 모든 것이 열악한 상황에서도, 아니 열악한 상황일수록 자기의 존재 방식을 자유롭게 상상할 수 있는 힘이 필요하다. 자아의 잠재력을 다면적으로 살피면서 인생의 시나리오를 과감하게 창안할 수 있는 용기가 필요하다. 지금 우리에게 필요한 것은 세계와 일상 그리고 자아를 창조하거나 변형시킬 수 있는 상상력이다.

이 책에서는 교육과 상상력이 어떻게 다시 만날 수 있는지를 2 가지 차원에서 탐색한다. 하나는 아이들의 상상력을 북돋우기 위해 교육이 무엇을 어떻게 할 수 있는가이고, 다른 하나는 교육 자체의 즐거움과 성과를 향상시키기 위한 상상력이란 무엇인가 하는 점이다. 전자가 '상상력을 위한 교육'이라면, 후자는 '교육을 위한 상상력'이라고 할 수 있겠다. 2가지 다 교사들에게 요구되는 과제다. 교사 스스로 자신의 상상력을 탐구하고 끊임없이 도전하지 않으면 수업에 생기를 불어넣을 수 없다.

지난 반세기 동안 한국에서는 교육 시스템에 대한 비판과 논쟁이 끊이지 않았다. 그러나 그런 거시적인 담론 속에서 교육의 내용을 어떻게 디자인할 것인지에 대해 생각을 모으는 자리는 거의 마련되지 못했다. 아무리 입시제도가 바뀌어도, 아무리 훌륭한 사람이 교육감이 된다 해도 이것이 교사와 학생이 교실에서 나누는 학습 경험의 질을 보장해 주지는 못한다. 학습의 콘텐츠, 그것은 근본적으로 인간의 성장에 대한 깊은 애정과 관심으로 차근차근 꼼꼼히 축적해가야 하는 소프트웨어다. 그리고 궁극적으로 교육현장을 책임지고 있는 교사들의 지성과 감성이 변화하는 만큼 풍부해지는 문화자본이다.

이 책은 지난 5년 동안 교육과 관련해 써온 글들을 새로 다듬고 편집한 것이다. 두 딸을 키우면서 고민하고 발견한 것, 대학 강단에서 배움의 즐거움을 나누기 위해 시도했던 것, 대안교육 분야에서 활동하면서 토론하고 배운 것, 그리고 평생교육의 다양한 현장에서 목격하고 질문한 것 등이 이 글들에 녹아 있다. 특히 여러 차례의 연수 강좌에서 교사들과 함께 상상력의 촉수를 다듬으면서 깨달은 점들을 최대한 발효시켜 정리해 보았다. 그러다 보니 광범위한 영역을 넘나들면서 생각을 펼치게 되었다. 각 장에서 다루고 있는 주제는 그 하나하나가 책 한 권이 되고도 남을 만큼 광활한 영역들이다. 그래서 좀 더 세밀하게 파고들면서 따져 보아야 할 문제들이 많다.

그런데도 감히 이렇게 설익은 생각들을 하나의 책으로 묶어내는 것은 이것들이 내 나름대로 고민한 흔적들이기 때문이다. 교육학자도 아니고 이 책에서 다루고 있는 주제나 영역들에 대해 조예가 깊은 것도 아니지만, 사회와 문화를 공부하는 학자이자 교육실천가로서 관찰하고 실험하며 암중모색한 발자취의 기록이다. 문외한이기에 보다 자유롭게 상상하고 엉뚱한 질문을 던질 수 있는지 모른다.

상상은 공상과 다르다. 문제의식과 지향이 올바르지 않으면 망상으로 흐른다. 더 나아가 그 망상이 현실에 섣불리 적용되면 엄청난 혼란과 파괴를 가져온다. 이 글은 교육의 근본을 깊이 헤아리면서 창의적인 지성을 발휘하는 것이 얼마나 어렵고 중요한가를 거듭 절감하면서 쓴 것이다. 이 책이 교육의 존재 양식에 대한 자유로운 발언과 실천의 공간을 열어가는 데 조금이라도 도움이 되었으면 하는 바람이다.

차 례

chapter 4

삶에 대한 상상력

chapter 5

평생학습으로 가는 길

chapter 1

학습의 리모델링

학습의 리모델링

뜨거운 교육열, 싸늘한 학구열

어느 초등학교 자연 과목 시험에 참새, 비둘기, 닭, 오리, 돼지, 소 등 여러 동물들의 다리 그림만 보고, 그 모양으로 각각 동물의 이름을 알아맞히는 문제가 출제되었다. 한 학생이 전혀 공부를 하지 않았는지, 한 문제도 풀지 못하고 시험지를 백지로 제출했다. 그런데 답안지를 받아본 교사는 학생의 이름이 적혀 있지 않은 것을 발견했다. 그래서 나가려던 학생을 불러세워 물었다. "야 이 녀석아, 답을 몰라서 백지를 내는 것은 어쩔 수 없지만 그래도 이름은 적어야 하는 거 아니냐? 내가 써줄 테니까 그냥 말해라. 네 이름이 뭐냐?" 그때 그 학생은 자기의 한쪽 다리를 선생님에게 쭉 내밀면서 이렇게 말했다. "알아맞혀 보세요."

물론 웃자고 지어낸 이야기다. 그러나 상상컨대 만일 그 아이가 시골에서 농사를 지으면서 살았다면 쉽게 답을 적을 수 있었을 것이다. 생활 속에서 자연스럽게 터득할 수 있는 지식이나 기술도, 추상적인 원리나 단편적인 정보로만 이해하거나 암기하려고 하면 매우 어려운 일이 된다. 그리고 그렇게 해서 어떤 것을 알게 되고 그에 대한 문제에 답을 풀 수 있게 되었다 해도, 실제 상황에서 그것을 활용할 수 있는 능력은 또 다른 학습을 요구한다. 예를 들어 책이나 사용설명서를 읽어 컴퓨터의 시스템을 완벽하게 터득했다 해도 곧바로 그것을 능숙하게 다룰 수 있는 것이 아니다. 오히려 그런 원리적인 지식 없이도 그냥 놀이 삼아 이렇게 저렇게 만지작거리다가 저절로 깨우치는 경우가 많다.

물론 원리가 중요하지 않다는 말은 결코 아니다. 무조건 암기하는 것도 필요하다. 그리고 학교라는 곳은 기본적으로 추상화된 지식의 형태로 세상을 배우는 곳이다. 그러나 지식은 경험 세계와 일정하게 조응할 때 유기적인 전체를 이루며 탄탄하게 내재화된다. 그런데 지금의 교육 현실에서는 시험 점수의 획득이 최종 목표가 되면서 앎과 삶의 순환 고리가 허약해진다. 그리고 무엇보다도 비극적인 것은 그 과정에서 배움의 즐거움을 잃어버린다는 점이다. 무엇인가를 새롭게 알아가면서 자아와 세계를 폭넓게 이해하는 뿌듯함, 그를 통해 주체적인 인격으로 성장한다는 기쁨이 희박한 것이다. 공부를 하면 할수록 공부에 대한 혐오감이 늘어나는 아이들, 교육열은 뜨겁지만 학구열은 싸늘한 현상, 바로 이것이 한국 교육의 최대 비극이다.

그 결과 두뇌에는 수많은 지식이 들어 있지만 현실에는 무지몽매한 인간들이 양산된다. 기업들은 대졸 신입사원들이 전공지식은 물론 사회생활의 기본도 제대로 갖추지 못해 처음부터 다시 가르쳐야 한다고 불평하지만 문제는 그보다 더욱 근본적인 데 있다. 지금 젊은이들에게는 자신의 삶을 추스르는 것 자체가 너무나 힘겹다. 미국의 명문대 재학생들 가운데 한국 학생들의 자살과 중도 탈락 비율이 가장 높다는 것은 그러한 상황을 단적으로 말해 준다. 그 원인은 무엇인가. 우수한 두뇌로 훌륭한 대학에 들어와서 왜 그렇게 쉽게 무너지는가. 전문가들의 분석에 따르면 한국의 젊은이들은 오로지 대학만을 목표로 공부해왔기 때문에 입학한 다음에는 인생의 좌표를 잃고 방황한다고 한다. 그리고 부모의 닦달 속에 오로지 공부에만 매진하느라 다양한 경험을 통해 내면을 견실하게 다지지 못해 어려움을 스스로 극복하는 힘이 부족하다고 한다.

산업화에 발동을 걸어 고도성장을 구가하는 단계에서 분명 한국의 교육은 기여한 바가 매우 크다. 전 국민의 평균적인 지적 능력을 일정한 수준으로 끌어올린 성과가 그것이다. 그 점에서 한국은 보기 드문 성공 신화를 이룩했다. 세계에서 가장 낮은 수준의 문맹률, 세계 최고 수준의 대학 진학률이 그 지표가 될 수 있다. 그런데 정보사회에 본격적으로 진입하고 산업 구조가 재편되어 새로운 능력이 요구되는 지금, 한국 학생들의 지적 능력은 어느 정도일까? 2004년 12월 발표된 OECD 국제학업성취도평가(PISA) 결과를 보자. PISA는 조사 대상이 되는 나라들의 고등학교 1학년 학생의 표본집단을 선정해 똑같은 문제를 풀도록 하여 점수를 낸 것이다. 그 결과 한국의 고등학생들이 수학, 과학, 독해 등에서 세계 최고 수준의 실력을 갖추고 있는 것으로 나타났다.

그런데 문제는 그 다음이다. 그 PISA의 다른 조사 항목을 보면 한국 청소년들은 학업에서의 흥미, 자아 효능감, 동기 등에서 매우 낮은 점수를 받았다. 예를 들어 한국 학생들은 다른 나라 아이들보다 수학을 훨씬 잘하는데도 자신은 수학에 소질이 없다고 생각하고, 그래서 그 과목을 싫어한다. 그리고 새로운 과제에 도전하려 하지 않는다. 실패에 대한 두려움 때문에 자율적이고 능동적으로 배움에 임하지 못한다. 공부를 하면 할수록 학습 의욕은 떨어지고, 스스로의 한계를 적극적으로 돌파하려는 의지가 취약한 것은 뜨거운 교육열의 이면에 감춰진 그늘이다.

이는 2008년 한국교육과정평가원이 한국, 영국, 프랑스, 일본의 초등학교 4학년 학생들을 대상으로 설문 조사한 결과에서 다시 확인되었다. 「국내외 교실 학습 연구」라는 보고서에 따르면 한국의 초등학생들이 수업에 대한 흥미와 요구, 학습 신념, 성취 목표, 학습 참여 등에서 모두 부정적인 반응을 보였다. '공부하는 것이 좋다', '수업 시간에 배우는 내용을 잘 이해한다', '학습 내용을 완벽히 알려고 노력한다', '수업 시간에 공부에 집중한다', '교실에서 다른 사람을 이해하고 존중하는 것을 배우고 실천한다' 등의 설문 문항에 '그렇다'고 답한 학생의 비율이 한국이 가장 낮은 것이다.

물론 교육의 위기는 한국만의 상황은 아니다. 후기 산업사회에 접어들면서 '학교'의 개념과 위상이 달라지는 것은 일반적인 현상이다. '다품종 소량'으로 생산 시스템이 전환되고 지식 정보화와 문화화가 진척됨에 따라 규격화된 대량생산 체제와 긴밀하게 맞물려 있던 기존의 학교는 흔들리기 시작한다. 한편으로는 하루가 다르게 다원화되어가는 세계의 흐름과 요구에 부응하지 못하고, 다른 한편으로는 급격하게 변모하고 다양해지는 아이들의 정서나 문화적 욕망과 괴리되면서 학교의 위기가 대두되는 것이다.

그런데 한국의 경우 워낙 급격한 사회 변동으로 인해 그 충격을 훨씬 강렬하게 경험하고 있다고 볼 수 있다. 1990년대로 접어들면서 정보화가 급진전되고 본격적인 소비사회로 접어들었는데, 그러한 상황에 따라 교육이 적절한 변화를 꾀하지 못한 데서 오는 갈등과 괴리가 매우 집약적이고 중층적으로 드러나고 있는 것이다. 위에 언급한 한국교육과정평가원의 보고서에 따르면 한국의 초등학생들이 공부에 재미를 느끼지 못하고 이해하기 어려워하는 까닭은 학습량이 너무 많기 때문이라고 한다. 학생들의 이해 정도에 따라 교사가 학습량을 조절해 주는 영국이나 프랑스와 달리 우리는 모든 아이들에게 똑같은 수준과 양을 요구한다. 이런 가운데 청소년들이 공부에 대해 느끼는 압박감이 가중되고 학교생활은 삭막해지고 있으며 학업을 중단하는 아이들이 줄을 잇고 있다. 이와 맞물려 교사직은 점점 인기 직종이 되어가지만 역설적으로 교사들은 수업 운영에 점점 어려움을 호소하고 있다.

교육의 목적은 크게 두 차원으로 나누어 볼 수 있다. 하나는 개개인의 잠재력을 개발하면서 살아가는 힘을 키워 주는 것이고, 다른 하나는 사회경제적으로 필요한 인재를 확보하는 것이다. 전자는 주관적인 행복감에 크게 관련되는 것이라면, 후자는 객관적인 효율과 직결되는 것이라고 할 수 있다. 이 2가지는 맞물려 있으면서 때로 충돌하기도 한다. 한국사회의 경우 급속한 산업화의 단계에서는 전자를 희생시키면서 후자를 성취했다. 많은 개발도상국들의 모델로 각광을 받는 한국의 기적적인 경제 개발이 상당 부분 교육열에 힘입었다는 점에는 이견이 없다. 교육이 경직되고 획일적인 경쟁 체제로 개개인의 심성을 억압했지만 그것은 성장이라는 결과로 어느 정도 보상되고 상쇄될 수 있었다. 그리고 그 열매는 많은 사람들의 경제적 향상과 안락으로 환원되었다.

그러나 경제의 구조와 사회 상황이 바뀌면서 교육의 기여도가 달라지기 시작했다. 그동안 경제적인 차원에서 양질의 노동력을 공급하던 기능마저 감퇴하고 있다. 학교가 새로운 시대가 필요로 하는 인재를 길러내기는커녕, 그나마 가지고 있는 창의성도 억압

하고 쇠퇴시킨다는 것이다. 앞서 언급했듯이 일류대학을 나온 신입사원도 기업에서 거의 모든 것을 새로 배워야 할 정도로 전문능력이 부족하다. 뿐만 아니라 의사소통 능력이나 종합적인 사고력 등 기본적인 능력에서도 취약하고, 책임감이나 리더십 등 인성적인 측면에서도 결코 만족스럽지 못한 실정이다.

배움의 즐거움과 학습 동기

현대사회는 동기부여의 위기 시대고, 지금 한국의 청소년들이 그러한 위기를 가장 심각하게 겪고 있다. 그렇다면 그 의욕은 어떻게 체득할 수 있는가. 시키지 않아도 자발적으로 공부하는 힘을 어떻게 키울 수 있는가. 그동안 인간의 학습 동기에 대해서는 교육학과 심리학 분야에서 많은 연구가 진행되어왔다. 여러 가지 이론과 개념들이 나와 있지만, 여기에서는 학습의 동기를 3가지로 정리해 보고자 한다.

첫째는 '재미'다. 이는 인간의 고유한 욕망 가운데 하나인 호기심에 관련되는 것으로 그냥 아는 것 자체로 즐거운 것이다. 어린 아이들이 부모에게 이것저것 물어 볼 때 거기에는 배움에 대한 원초적인 충동이 깔려 있다. 어른이 되면서 많이 쇠퇴하긴 하지만 선정적인 자극이나 정보 앞에서 호기심은 언제나 강력하게 솟구친다. 인터넷에서 뉴스 기사를 하염없이 클릭하고 있을 때, 또는 유명 연예인들의 뒷소문에 귀를 쫑긋 세울 때 우리는 '순수한' 호기심에 사로잡힌다. 하지만 지식의 수준이 높아지고 추상화될수록 호기심이 자연스럽게 우러나오기는 어렵다. 그러나 지적 훈련을 꾸준히 해온 사람들에게는 심오한 원리를 탐구하며 사물의 본질을 파악하고 싶은 욕구가 강렬하게 발동한다. 자신이 무언가를 해냈다는 성취감, 실력이 꾸준히 향상되는 데서 느끼는 뿌듯한 보람을 얻을 수 있는 것이다. 연예계 가십에 대한 탐닉이든 추상적인 진리에 대한 열망이든, 호기심을 따라서 이루어지는 학습은 왕성한 흡수력을 갖는다.

둘째는 '필요' 다. 비록 재미는 없더라도 쓸모가 있으면 인간은 배우려 한다. 그리고 절박할수록 학습 효과가 높다. 예를 들어 집안에 누군가가 오랫동안 앓고 있을 때 식구들은 그 병에 대해 해박해진다. 의사들의 설명은 거의 100퍼센트 암기하고, 온갖 정보를 뒤지면서 그 실체와 치료법에 대해 연구한다. 또한 만일 자신이 사기를 당했거나 억울하게 금전적으로 큰 손실을 보아 소송을 진행할 경우, 그 과정에서 익히는 법률 지식은 학창 시절 사회과 수업시간에 기계적으로 암기하던 것과는 비교가 되지 않는다. 다른 예를 들면, 남아메리카에는 너무 가난해 학교를 다니지 못하고 도로의 운전자들을 상대로 자잘한 물건들을 파는 아이들이 있는데, 그 아이들이 짧은 시간에 거스름돈을 계산하는 방법이 학교에서 배운 것과는 전혀 다르다고 한다. 말하자면 그들이 스스로 개발한 노하우인데, 그 산법이 너무 독특하여 수학에서 따로 '길거리 수학(street mathematics)' 이라는 분야로 연구되고 있을 정도다. 이렇듯 실용적인 목적이 분명한 경우 거기에서 얻어지는 지식은 저장고안에서 강력한 접착력을 갖고, 더 나아가 그런 상황에서 인간은 문제 해결을 위해 놀라운 창의력을 발휘한다.

셋째는 '보상' 이다. 재미도 없고 쓸모가 있는 것도 아니다. 그러나 그것을 알고 있음을 증명함으로써 주어지는 혜택이 있다면 인간은 기꺼이 배우려 한다. 그 보상이란 다른 사람의 인정과 칭찬, 자신의 뛰어남을 입증하면서 누리는 우월감, 성적이 오르면 부모님이 사주기로 약속한 MP3플레이어, 시험을 통해 얻게 되는 자격증, 일정한 과정을 수료한 이후에 취득하는 졸업장과 학력 등이다. 보상의 반대 개념으로 처벌이나 수치심을 생각할 수 있다. 그것 역시 보상만큼이나 강력한 학습 동기를 제공하는데, 본질적으로는 보상과 같은 차원에서 작동하는 기제라 할 수 있다. 그 모두가 지식 그 자체의 속성과 관계없이 바깥에서 주어지는 제재 또는 압박이라는 공통점을 갖기 때문이다.

이상의 3가지 동기는 개념상 구분한 것으로, 실제로는 그 가운데 여러 가지가 동시에 작용하거나 또는 순차적으로 따라올 때도 있다. 예를 들어 사랑하는 사람에게 맛있는 음식을 해주기 위해 배우는 요리는 '필요'에서 출발했지만, 배우다 보니 '재미'를 느끼게 될 수 있다. 또한 운전의 경우 드라이브하는 '재미'를 위해, 그리고 몸이 불편한 어머니를 모시고 다녀야 하는 '필요' 때문에 배우게 되었는데, 그 결과로 면허증이라는 '보상'이 주어진다. 그렇

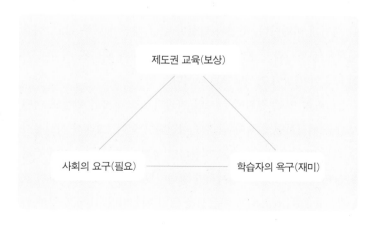

게 3가지가 동시에 맞물려 이루어진 학습은 가장 이상적인 학습이 될 것이다. 그러나 우리가 행하는 대부분의 학습은 그 셋 가운데 어느 하나 또는 두 가지로 동기부여가 된다고 볼 수 있다. 그 3가지는 각각 앞의 도표와 같은 현실에 대응된다.

유감스럽게도 이 세 영역간에는 간격이 매우 크게 벌어져 있다. 학교를 중심으로 한 제도권 교육에서 가르치는 내용은 사회의 요구나 학생의 욕구에서 출발하지 않은 것이 많다. 대학교육도 예외가 아니다. 물론 모든 지식이 그 2가지에 근거해 존립과 전달의 정당성을 갖는 것은 아니다. 기초교육이나 순수학문은 지식 그 자체의 체계를 무조건 배우고 연역적으로 습득해야 하는 내용이 많다. 문제는 그 비중이다. 학교에서 암기하는 지식들이 학생들의 호기심을 불러일으키지 못하고 실생활 속에서 의미 있는 적용과 연계의 고리를 갖지 못할 때 공부는 고역이 될 수밖에 없다. 그나마 궁극적인 목표인 졸업장 또는 학력마저 효력이 점점 퇴색하는 지금, 그나마 '보상'에 대한 동기도 빈약해지고 있다. 재미도 없고, 쓸모도 없어 보이며, 미래의 보장도 분명하지 않은 지식을 오로지 인내와 끈기로 습득해야 하는 과정에서는 교육 내지 학습에 대한 염증이 생기게 마련이다. 경험과 단절된 추상 개념이 너무 많고, 현실 세계에서 형성되고 통용되는 일상지(日常知)와 괴리된 지식에 치여 배움의 열망이 거세당하는 것이다.

심리학의 연구 결과에 따르면 자발적으로 시작한 활동에 어떤 보상을 제시하면 의욕이 감퇴해 버린다고 한다. 그래서 자원봉사로 하는 일을 유급 노동으로 전환하면 성과가 줄어들고, 신나서 하는 놀이에 상을 미끼로 제시하면 활력이 떨어지는 것이다. 자기 효능감(self-effectiveness)과 자율성을 잃기 때문이다. 내적 동기와 외적 보상 사이의 이러한 모순은 '공부'에도 똑같이 적용된다. 평가가 절대화되면서 지식이 평면화되고 생명력을 잃고 만다. 이제는 '보상' 영역으로 편중된 학습의 경험을 '재미'와 '필요'의 지평으로 확장하면서 균형을 이루어야 한다. 그리고 '배움'의 경험과 창조의 즐거움을 회복하면서 인간 성장의 탄탄한 경로를 개척해야 한다.

소통하며 성장하는 지성

배우기는 하되 생각하지 않으면 사물이 확실하지 않다. 생각은 하되 배우지 않으면 독단에 빠져 위험하다.　　　　　—공자, 『논어』

　공자는 '생각'과 '배움'을 대비시키고 있다. 생각이 개인적인 사색의 심화라면 배움은 타인과 생각의 나눔인 것이다. 배움은 근본적으로 사회적인 소통이다. 그리고 그것은 혼자만의 골똘한 궁리를 통해 완성되어간다. 그러한 개별화와 사회화가 순환하며 맞물리는 곳에서 교육의 원점을 찾아볼 수 있지 않을까. 일본의 교육학자 사토 마나부는 『교육 개혁을 디자인한다』에서 '공부'와 '배움'을 다음과 같이 대비시키고 있다.

　공부 시대는 이미 종말을 고하고 있다. 공부에 의해 대부분의 아이들이 부모보다 높은 학력과 사회적 지위를 획득할 수 있었던 시대에는 아이들을 입시 경쟁으로 내몰 수 있었다. 그러나 현재는 오히려 대부분의 아이들이 공부 때문에 좌절을 체험하는 시대에 돌입하고 있다. 공부를 거부하는 아이들이 늘어나고, 학습 의욕이 쇠퇴하는 것이 그 결과다. 반면에 평생학습 시대를 맞아 배움의 필요성과 중요성은 더욱 증대하고 있다. 이제 공부에서 배움으로 전환하지 않으면 안 된다.

문제는 지금까지의 공부가 무매개적인 활동이었다는 점에 있다. 배움은 도구와 타자에 의해 매개된 활동인 것에 비해 공부는 좌학(座學)이며, 사물이나 타자에 매개되지 않고 암기와 정착이라는 뇌의 시냅스 결합으로 시종하는 활동이다. 사물과 대화하고 타자와 대화하는 활동을 배움의 실천에서는 조직해야 할 것이다.

인간이 지적으로 성장한다는 것은 무엇을 말하는가. 일정한 정보를 두뇌 안에 입력하는 기계적인 공정이 아니라 자아가 타자 및 사물과 역동적으로 상호작용하는 운동이다. 그 속에서 지성의 에너지를 자각하고 증진함으로써 배움은 삶의 힘으로 전이되는 것이다. 소통은 생각을 자극한다. 인간의 지적인 성장은 타인과의 활발한 교섭 속에서 이루어진다. 역사에서 뛰어난 업적을 남긴 학자들 가운데 상당수가, 여럿이 생각을 모으고 키우는 토론 공동체를 형성하고 있었다. 더 나아가 그러한 조건을 일부러 만들어내는 경우도 있다. 미국의 일류 대학들에서는 '명예 교수회'라는 것이 있는데, 하버드 대학에서 1993년에 도입하여 다른 몇몇 대학들로 확산된 것이다. 그 멤버로 선정된 교수에게는 3년 동안 강의를 하지 않고 연구에만 몰입할 수 있도록 지원하는 제도다.

그런데 그러한 특혜에 단 한 가지 의무가 있다. 그것은 다방면의 최고 학자들이나 종신 교수들과 일주일에 한 번씩 저녁식사를 해야 하는 것이다. 아무런 형식도 없이 그냥 식사만 함께하는 것으로, 거기에서 석학들과 어울리며 나누는 이야기들은 연구에 귀중한 활력소가 되리라는 기대가 깔려 있다. 이화여대 최재천 교수는 미시간 대학에서 이 제도가 생겼을 때 그 멤버로 선정되어 혜택을 입었는데, '학자들의 저녁식사'를 통해 얻은 지식과 통찰은 자신의 학문 세계를 구축해가는 데 엄청난 자산이 되었다고 한다.

인간의 성장과 학습의 과정에는 그렇듯 관계와 소통이 결정적이다. 타인에게서 배우려는 자세, 동료들과 시너지를 일으키면서 지적인 세계를 넓힐 수 있는 능력이 점점 중시되고 있다. 그것을 가리켜 협동학습(cooperative learning) 능력이라고 한다. 그런데 한국 학생들의 협동학습 능력은 경제협력개발기구(OECD) 국가 중 최하위인 것으로 나타났다. 앞서 인용했던 OECD 국제학생평가프로그램 보고서(*PISA Learners for Life*)에 따르면 한국은 평가에 참가한 OECD 소속 21개국 중 협동학습 지수가 가장 낮다. 협동학습 지수란 '나는 그룹 내 다른 학생들이 잘할 수 있도록 돕는 것을 좋아한다', '나는 그룹 내 다른 학생들과 함께 공부할 때 가장 많이 배운다' 등 협동학습 관련 질문들에 대한 학생들의 선호도를 종합한 수치다. 한국 학생들은 관계 속에서 배움의 효율과 즐거움을 체험하는 기회가 너무 부족한 것이다.

지금 청소년들의 삶과 문화에는 지식과 소통이 단절되어 있다. 교육 현장에서는 딱딱한 지식만이 기계적으로 전달된다. 지식은 지식대로 저장되고 있는 반면, 소통은 그것과 무관하게 채팅이나 사소한 잡담으로 채워진다. 청소년들끼리 나누는 일상적 대화를 보면 소통은 왕성하지만 지식과는 아무런 관계가 없다. 지식을 위한 지식, 소통을 위한 소통으로 양극화되는 것이다. 지금까지 한국의 교육은 지식과 소통의 연결고리에 대해 심각하게 고민하지 않았다고 본다. 지적인 성장이 사람과 사람 사이의 의미 있는 관계 속에서 효과적으로 이루어질 수 있음을 새삼 되새길 필요가 있다.

이제 협동학습과 사회적 지능에 방점을 찍어야 한다. 제아무리 똑똑한 사람도 필요한 정보와 자원을 타인과 나누며 파이를 키우는 네트워크 마인드, 팀워크를 통해 그룹웨어의 잠재력을 극대화하는 지혜가 없다면 무능한 것으로 판정된다. 그것은 이공계 방면의 전문가에게도 예외일 수 없다. 환자에게 친절하고 알기 쉽게 설명해 줄 수 있는 의사, 자신이 진행하고자 하는 프로젝트의 의의를 논리적으로 설득할 수 있는 연구자, 복잡한 기계 장치의 설명서를 간결하게 작성할 수 있는 엔지니어, 고장 난 제품의 수리 방법을 온라인에서 소비자에게 효율적으로 전달할 수 있는 고객 상담 직원 등. 이제 커뮤니케이션 능력은 곧 부가가치로 직결된다.

칸막이를 넘어서

커뮤니케이션의 중요성은 지식 기반 사회에서 한결 뚜렷하게 부각된다. 정보가 신속하게 유통되고 다차원적으로 가공되는 환경에서 지식의 존재 방식 자체가 달라지고 있다. 지식은 더 이상 완결된 형태로 고정되어 있는 저장물(stock)이 아니다. 이제 지식은 사람과 사람 사이의 소통이라는 흐름(flow) 속에서 미완의 형태로 존재하면서 계속 갱신된다. 웹 2.0, 집단 지성(collective intelligence), 집단 천재성(group genius) 등의 개념으로 수많은 조직들이 변신을 시도하는 것도 그러한 환경과 맞물려 있다. 지식의 성격이 빠르게 변화하는 것과 맞물려, 한편으로 사회 변화의 속도, 다른 한편으로는 정보 소통의 속도가 빨라진다.

이러한 상황에서 교육의 목표도 달라지고 있다. 지식은 더 이상 학교가 독점하면서 일방적으로 공급하는 것이 아니기 때문이다. 사방팔방으로 열린 회로를 통해 거의 무한하게 정보를 취득할 수 있는 환경 속에서 요구되는 것은 필요한 정보를 선별하고 해독하여 자기의 지식으로 편집하고 재구성하는 능력이다. 그리고 더 나아가 그 지식을 활용하고 그 결과를 피드백하여 업그레이드하는 지능도 요구된다. 이를 위해서는 스스로 문제를 제기하고, 정보 해석과 의미 생성의 맥락을 구성할 수 있어야 한다. 그 능력을 가리켜 맥락적 지능(contextual intelligence)이라고도 한다.

맥락에 대한 정확한 파악은 점점 더 중요해진다. 여러 변수들이 동시에 작용하는 상황에서 그들 사이의 상관관계를 파악하고 그 역학을 활용하여 문제를 해결하는 전략적 사고, 주어진 상황의 제약과 딜레마를 정확히 인식하면서 의사결정을 내리는 통찰력. 이러한 능력은 끊임없이 변화하는 유동적 세계를 살아가는 데 매우 긴요하다. 이제 공부라는 것은 축적된 전통과 표준화되고 패키지화된 지식을 일방적으로 대량 공급하고 전수하는 교육에 점차 덜 의존하게 된다. 그 대신 변화를 파악하고 관리하며, 나아가 주도할 수 있는 지적 운용 능력을 요구하는 것이다.

'머리가 좋다'는 것의 의미도 달라질 수밖에 없다. 지금까지 머리가 좋다는 것은 데이터를 많이 암기하여 단순 조작하고 검색하는 기능이 뛰어난 것을 말했다. 그러나 그런 기능은 컴퓨터가 대신한다. 따라서 이제는 인간의 두뇌만이 해낼 수 있는 것을 탁월하게 해내는 능력이 필요하다. 맥락을 읽으면서 지속적으로 지식을 생산하고 수정하는 유연성이 중요하다. 정보가 빠른 속도로 가공되고 즉시 피드백되기 때문에 계획, 추진, 검토 등 각 단계마다 정보가 개입되고 활용된다. 따라서 리더십이란 미리 세워진 계획을 원안대로 밀어붙이는 능력이 아니라 추진 과정에서 새로운 상황과 정보에 적절히 대응하면서 구성원들의 의견을 모아가는 커뮤니케이터 내지 코디네이터의 능력이다.

정보 인프라와 지식 생산 시스템의 변화는 기존의 여러 영역을 구분짓던 칸막이들을 무력화시킨다. 경계를 가로지르며 소통과 공동 작업이 이루어진다. 이러한 환경은 근대의 분업주의 구조 속에서는 실현되기 어려웠던 학습의 시너지 효과를 불러일으킨다. 그렇다면 이러한 패러다임 전환은 구체적으로 어떤 방식으로 일어나고 있는가. 앞으로 점점 희미해지거나 아니면 의도적으로 넘어야 할 경계를 다음의 5가지로 나누어 생각해 보겠다.

학교와 학교 바깥의 경계

앞서 언급했듯이 학교는 더 이상 지식을 독점하지 못한다. 오히려 지금 사회의 흐름에 가장 뒤처져 있는 영역 가운데 하나로 학교가 종종 지목된다. 따라서 이제는 학습 공간을 확장해야 한다. 한편으로는 방대한 데이터가 유통되는 사이버 공간으로, 다른 한편으로는 다양한 사회 현장으로 교실을 넓혀야 하는 것이다. 이를 통해 사회에 잠재해 있는 교육의 가능성을 활성화하여 학교교육에 연계시키는 것이 가능하다. 물론 학교에서 이루어지는 면대면의 접촉과 거기에서 비롯되는 인격적 유대감은 여전히 중요하다. 교사와 학생, 학생과 학생 사이에 벌어지는 집단 역학(group dynamics)은 학교라는 공간의 물리적 집중성에서 효과적으로 이루어진다. 다만 이제는 그러한 운동이 학교의 경계를 넘어 다른 영역들과 상호작

용하면서 그 양적인 풍부함과 질적인 향상을 기해야 하는 시대가
되었다.

과목들 사이의 경계

현재 학교의 교과목은 여전히 높은 칸막이로 분할되어 있다. 그래
서 초·중·고등학교의 과목 구분은 12년의 교육과정을 통해 똑같
은 구조로 지속된다. 중·고등학교의 경우 교사들은 다른 과목 교
사들이 무엇을 가르치는지 알지 못한다. 교육대학이나 사범대학의
학과 편제에서 교육과학부의 교과서 편수 시스템에 이르기까지 학
문의 경계를 넘어 유기적으로 지식을 구성하는 통로는 너무나 비
좁다. 그 칸막이들은 대학의 학과 편제와 상응한다. 그런데 그런
접근 방식에 한계가 드러나고 있다. 점점 복잡하게 얽히는 상호연
관성의 연결고리들을 무시하고서는 어떤 분석도 무의미하기 때문
이다. 이제는 하나의 대상이나 테마를 다양한 각도에서 조명하면
서 그와 관련되는 모든 요소들을 두루 살피는 작업이 절실하다. 기
존의 과목과 장르의 경계를 자유자재로 넘나들면서 어떤 과제나
문제의식을 중심으로 사유하는 능력이 요구된다.

교사와 학생 사이의 경계

지금까지의 교육 시스템에서는 가르치는 교사와 배우는 학생 사이
의 구분이 명확하게 설정되어 있었다. 그러나 이제는 모두가 함께
배워야 하는 상황이 되었다. 그만큼 사회 변화와 지식 갱신의 속도
가 빨라지기 때문이다. 또한 교사가 제공하는 지식만을 충실하게
소화한다고 해서 보장되는 것이 없기 때문이다. 이제는 과제의 설
정, 지식의 생산 그리고 평가에 이르는 일련의 과정에 모든 학생들

이 능동적으로 참여해야 한다. 이것은 생산과 소비가 동시에 이루어지는 이른바 프로슈머(prosumer)의 존재방식과 흡사하다.

나이의 경계

근대 학교 체제에서는 같은 나이 별로 같은 학년에 묶는 방식이 자연스러웠다. 그러나 학습이라는 것은 여러 연령대가 공존하면서 이루어져야 할 것이 많다. 근대 이전에는 대부분의 사회에서 그러했다. 탈근대 상황은 그것을 다른 방식으로 재현한다. 실제로 사이버 공간에서 이루어지는 수업 프로그램은 대개 초등학교에서 고등학교에 이르기까지 두루 적용될 수 있도록 짜여져 있다. 물론 나이에 따른 수준의 차이도 있지만 바로 그 차이를 적극적으로 활용할수 있다. 위에서 언급했듯이 학생은 배우는 자이자, 동시에 가르치는 자로서의 경험도 할 수 있어야 하는데, 이것은 그 대상이 자기보다 어린 학생일 때 가능하다. 현실적으로 직접 가르칠 수 있는 기회가 주어지기 어렵다면 텍스트를 만들어 보는 것은 어떨까. 이를테면 중학생이 초등학생을 위해, 고등학생은 중학생을 위해 학습 프로그램을 설계하는 것이다. 그렇듯 지식 생산의 주체가 되는 경험은 학습 효과를 높여 줄 뿐 아니라, 긍정적인 자아 개념을 획득하는 데도 큰 도움이 될 것이다. (대안학교에서 흔히 경험하는 것인데, 검정고시를 대비하여 공부하는 아이들을 대학생 자원교사가 가르치는 것보다 얼마 전에 시험에 합격한 친구나 선배가 가르치는 것이 훨씬 효과적이다.)

학습/놀이/일의 경계

위에서 언급한 학습 양식들은 개인의 능력을 자유롭게 계발하고 자아를 실현한다는 점에서 궁극적으로 놀이 세계에 맞닿아 있다. 그리고 스스로 정보를 조직하고 문화적인 생산물을 산출한다는 점에서 일의 세계와 접맥된다. 요즘 아이들이 누가 시키지도 않는데 컴퓨터를 금방 학습하는 것도 거기에 유희적 요소가 담겨 있기 때문이다. 그리고 그것을 통해 일거리와 일자리를 창출하기도 하는 몇몇 진로 개척의 모델은 기존의 교육체제에 많은 것을 시사한다. 결국 앎과 삶 사이의 간극을 없애면서 끊임없는 피드백 구조를 만드는 것이다. 그래서 배우는 것과 체험하고 실천하는 것이 순환관계 속에서 존재의 기쁨을 자아내는 에듀테인먼트(edutainment)를 구현하는 것이다.

맞춤형 학습의 비결

기존의 칸막이들을 넘어서 학습의 구조를 리모델링하는 것은 학생들을 개별적인 배움의 주체로 인정하는 것을 전제할 때 가능하다. 아이들마다 성장하는 속도가 다르다는 것을 인정하고 아이 한 명 한 명에게 눈높이를 맞추어야 한다는 점이다. 한국과 외국의 수많은 대안학교들은 바로 그러한 교육철학에 충실하려 애쓴다.

서울에 있는 '꿈틀학교'의 사례를 보자. 이 학교에서는 암기와 문제풀이 위주의 공부 풍토 속에서 그런 것을 싫어하면 공부를 못하는 것으로 낙인 찍힌 아이들에게 공부에 대한 자신감을 심어 주려 한다. 즉 영어나 수학을 못해도 다른 것을 잘하면 똑똑하다고 인정해 주는 것이다. 이 학교의 교과목에는 말과 글, 사회탐구, 수학, 과학, 영어, 외국어 등의 기초교과가 4분의 1 정도 배정되어 있는데 수업은 일반학교와 다른 방식으로 진행된다. 아이들이 그런 과목들도 재미있게 공부할 수 있음을 깨닫게 하는 데 주안점을 둔다.

또한 이 학교에는 감성교과라는 영역이 따로 있는데 이 역시 같은 맥락에서 자리매김된다. 감성교과는 자신의 감정을 풍부하게 하는 과정에서 즐거움을 찾는 데 주안점을 둔다. 예를 들어 애니메이션을 배우는 아이들이 작품을 완성하면 교사들이 적절한 피드백과 칭찬을 해준다. 아이들로 하여금 자신이 할 수 없을 것 같은 것들을 해낸 데 대한 자신감을 느낄 수 있도록 하기 위함이다. 또 북치는 수업을 통해서는 마음에 가득 쌓여 있는 분노 같은 것들을 해소할 수 있다. 매 학기마다 평가해 보면 다음 학기에도 소리와 몸짓 수업을 꼭 개설해 달라는 요청이 많다.

또 한 가지 중요한 것은 무대에서 발표하는 것이다. 그를 통해 사회적인 자아를 개발하고 사람들에게서 박수를 받으면서 자기를 업그레이드하는 좋은 기회를 얻게 된다. 누구에게서도 제대로 인정받아 본 적이 없는 아이들이 자신의 능력을 칭찬받음으로써 뿌듯한 성취감과 학습 동기를 얻게 되는 것이다.

맞춤형 학습의 모델이 될 만한 외국의 사례로서 2000년 이후 미국에서 주목받고 있는 '메트스쿨'을 꼽을 수 있다. 메트스쿨은 기존의 대량생산 시스템으로 이루어지는 학교교육의 한계를 넘어서기 위해 '한 번에 한 아이씩(One Kid At A Time)'이라는 표어를 내걸고 커리큘럼을 대대적으로 혁신한 미국의 공립고등학교다. 이 학교의 교육은 철저하게 인턴십을 중심으로 이루어지는데, 각 학생들이 저마다 관심사에 따라 직업 현장에 가서 직접 체험하고 연구하면서 그 결과를 포트폴리오와 발표회(exhibition)로 내놓는 시스템이다. 이 학교에서는 한 학급당 14명의 학생으로 구성되고, 그들을 개별적으로 이끄는 담임교사가 '어드바이저리(advisory)'라는 이름으로 배치되어 있다. 그렇게 소규모 학급이 가능한 이유는 교감이나 상담 교사 등 특수직을 과감하게 줄였기 때문이다.

이 학교에서 시행하는 인턴십의 목표는 특정 직업에 맞춰 학생들을 교육한다기보다는 학생들이 다양한 분야의 학습에 흥미를 느끼도록 자극하는 것이다. 그런데 아이들의 관심사는 계속 바뀌게 마련이다. 한 주제나 영역에서 꼬리를 물고 이어지는 다른 관심의 행로를 짐작하기 어렵다. 그러나 그러한 변화 밑에 깔려 있는 자아를 명료하게 인식하는 것이 중요하다. 그래서 교과내용에서도 당장 인턴십에 나가는 직업 현장에 관한 것뿐만 아니라 아이들이 자신의 고유한 인생 여정을 폭넓게 조망할 수 있도록 여러 가지 질문을 던지고 스스로 탐구하도록 유도한다. 메트스쿨에 대한 자세한 기록과 분석을 담고 있는 엘리엇 레빈의 『학교를 넘어선 학교 *One Kid At A Time*』를 보면 아래와 같은 질문과 활동이 소개되고 있다. 아이들에게서 실존에 대한 물음을 이끌어내려는 고민의 흔적이 엿보인다.

- 과거의 인생 여정 지도: 자기의 중요한 인생 경험들에 관한 지도를 그려 본다. 과거에 만났던 사람들, 과거에 가졌던 취미와 특별한 재능, 예전에 했던 그룹 활동, 들었던 음악, 읽은 책, 감상한 영화, 예전에 지니고 있던 사회에 대한 신념, 예전에 했던 일, 행복했던 시절과 불행했던 시절, 자기가 속한 집단의 문화(예술, 언어, 전통, 의례, 종교), 그리고 자기의 생각과 행동을 빚어 준 것들.

- 미래의 인생 여정 지도: 2년, 5년, 10년, 25년 후에 어떤 모습의 삶을 살고 싶은가? 직업, 교육, 기술, 여행, 성격, 거주지 등을 구체적으로 상상해 보라. 여러분이 이제 은퇴하게 되었다고 상상해 보자. 어떤 식의 은퇴식을 하고 싶은가? 그때 당신은 이미 인생의 가장 중요한 목표들을 달성했을 것이다. 은퇴식에는 누가 올 것 같은가? 그들은 당신을 한 인간으로서 어떻게 평가할 것 같은가? 당신의 인생에서 있었던 일들에 대해 그들은 어떻게 이야기할 것 같은가?

- 이 세상에 가장 큰 고통의 근원은 무엇인가? 여러분이 살고 있는 나라에서, 또는 당신의 공동체에서 그것을 찾는다면? 이 사회에 필요한 것들 가운데 가장 중요한 것은 무엇인가? 이 문제를 해결하는 데 어떤 사업, 어떤 조직 또는 개인이 관련되는가?

- 여러분의 흥미를 자극하는 연극이나 영화 한 편을 보고 깊이 있게 탐구해 보자. 그러고 나서 그 작품의 배경이 되는 시대의 역사에 대해 읽어 보라. 당시의 의상은 왜 그런 모습을 하고 있는가? 당시의 언어를 지금의 언어와 비교해 보라. 주요 인물의 자서전을 읽어 보라. 당신의 관심을 사로잡는 것은 무엇이든 하나를 붙들고 깊이 파고들어 보라.

- 경험이 풍부한 학생들과 함께 그들의 열정에 대해 이야기해 보라. 그들은 자기가 무엇을 하고 싶은지 어떻게 알게 되었는가? 그런 질문을 다른 이들에게도 던져 보라. 부모, 친척, 이웃, 교회 어른들, 은퇴한 노인들 등.

- 그밖에 할 수 있는 다른 활동들: 폐품 수집, 자신이 갖고 있는 기술의 목록, 직업에 대한 관심도 체크 리스트, 도서관과 인터

넷 검색, 인터뷰를 통해 관심 있는 사람의 생애사 적어 보기, 자전적 스케치, 가족사 정리 등.

맞춤형 학습은 교사들에게 전혀 다른 능력을 요구한다. 아이들의 개성과 능력, 그리고 저마다 추구하는 진로는 천차만별이라서, 그 가능성을 발굴하고 신장시키는 작업이 철저하게 개별적으로 이루어지기 때문이다. 그것은 교사가 한 아이를 집중적이고도 지속적으로 지켜보고 코치할 수 있는 능력과 그것이 가능한 학교 시스템을 요구한다. 그런데 여기에서 중요한 것은 교사가 아이의 관심사를 따라가면서도 그를 통해 어떤 성장이 이루어질 것인가를 늘 한 차원 높은 눈으로 생각해야 한다는 점이다. 따라서 아이의 요구와 학습의 목표 사이에는 언제나 긴장이 있을 수밖에 없다. 메트스쿨의 교장은 그에 대해 다음과 같이 말한다.

관심사를 통해 학습하는 것이, 아이가 원하는 것은 무엇이든지 할 수 있다는 뜻은 아닙니다. 원하는 곳에서 시작할 수는 있지만 그것에 기반을 두고 어떤 지적인 수준까지 올라갈 필요가 있습니다. 텔레비전이 재미있으니까 하루 종일 보겠다는 학생이 있었는데요. 그러나 그래서는 안 됩니다. 우리는 학생들이 배움에서 기쁨을 찾고 사회에 꼭 필요한 시민이 될 수 있도록 도와주고 싶은 것입니다. 그렇게 되기 위해서는 자신의 정신을 잘 활용하는 방법을 배워야 합니다. 관심사를 통해 보다 효과적으로 사고하는 법을 배울 필요가 있고, 또 자신이 배우는 것을 자기 것으로 소화하는 방법을 배울 필요가 있습니다.

아이들의 욕구나 관심을 충족시키는 것, 그리고 어른들이 아이들에게 줄 수 있는 선물인 사회적 문화적 기술적 성취에 대해 아이들이 경험할 수 있게 하는 것, 이 둘 사이에 적절한 균형을 유지하는 것이 교사들의 책임이라는 것이다. 아이에게 밀착되어 있으면서도 한 발짝 떨어져서 늘 그 다음 나아갈 단계를 모색하는 안목이 필요하다. 여기에서 매우 중요한 것은 적절한 피드백이다. 아이들의 학습과 경험에 의미를 부여하고 포인트를 짚어 줌으로써 배움의 보람을 느끼고 더 높은 단계로 향상하려는 의지를 북돋아 주는 능력이다.

그 점에서 한국의 대안학교에서 시행하는 인턴십을 진단해 볼 수 있다. 한국에서 청소년들의 인턴십은 기대만큼 성과를 거두지 못하는 경우가 많다. 그 원인은 아이들의 자기관리 능력 부족 때문일 수도 있고, 멘토(mentor)의 관심과 배려가 충분하지 않아서일 수도 있다. 그러나 어느 이유 때문에 실패로 끝나든, 그 과정에서 아이들이 시행착오를 통해 무언가를 발견할 수 있도록 이끌어 주는 것이 중요하다. 실제로 아이들이 직장에 1, 2개월 다니면서 가장 확실하게 얻는 것 가운데 하나가 '세상살이가 만만치 않다'는 발견이다. 그리고 어느 분야에서 나름대로 전문적인 입지를 굳히기 위해서는 어떤 자세로 살아가야 하는지를 생생히 보게 되는 경우가 많다. 또한 어떤 업무를 수행해가는 과정에서 사람과 사람이 어떻게 소통하며 협동하는지, 그리고 한 사람의 책임감이 얼마나 중요한지도 새삼 확인한다. 그런 것을 스스로 깨달을 수도 있지만 그렇지 못할 경우 교사가 옆에서 적절한 질문과 코멘트로 생각을 유도하는 것이 필요하다.

맞춤형 학습을 이끌기 위해 또 한 가지 중요한 것은 지식을 통합적으로 이해하고 유연하게 다룰 수 있는 능력이다. 현재 중·고등학교의 수업은 교과목 별로 칸막이를 높게 드리워 교사들이 다른 과목에서 아이들이 무엇을 배우는지 알지 못한다. 이런 체제에서는 아이의 관심사를 다면적으로 파악할 수 없다. 그리고 21세기 직업 세계가 요구하는 유기적인 지적 능력을 키워 줄 수 없다. 교사들은 우선 그들 스스로 파편화된 교과목의 경계를 넘나들면서 통합적인 안목을 키워야 한다.

경험으로 배운다

교과서는 실제 생활에서 맞닥뜨리는 '변화구'를 거의 날리지 않는다. 따라서 학생들은 이러한 변화구를 어떻게 쳐야 하는지 모른다. 대신 학생들은 혼자 책상에 앉아서 일괄적으로 정리되어 있는 문제들을 풀어나간다. 교사들은 이미 답을 알고 있고 답을 찾는 '올바른' 전략은 그 수업 시간에 다루는 교과서에 있다. 이와는 대조적으로 학교 밖 현실 세계에서 중요한 문제의 해결책은 처음에는 보이지 않다가 다른 사람들과 의논하는 과정에서 발견된다.

—『학교를 넘어선 학교』 중에서

초등학생들을 대상으로 강의를 할 때였다. 어느 시민단체가 지방에 사는 아이들을 데리고 서울을 견학하는 과정에서 서울에 대해 이야기해 달라고 초대한 것이다. 100여 명의 아이들이 국회의사당에 모여 있었다. 마침 강의실에서 난지도가 보이기에 쓰레기 문제로 말문을 열어 북한산과 한강 등 주요 지형지물을 중심으로 거기에 얽힌 역사와 생활에 대해 설명해 주었다. 처음으로 서울에 온 아이들이 많아서 그런지 비교적 잘 집중해 주었다. 강의가 끝나고 질문 시간이 되자 아이들은 다양한 질문들을 쏟아냈다. "도시는 어떻게 만들어졌나요?" "한국의 헌법은 무엇에 바탕을 두었는지 알고 싶어요." "요즘 건물들을 짓는 방법을 알려 주세요."

질문들의 공통점은 강의 내용과는 별로 관련이 없다는 것, 그리고 매우 원론적이고 추상적이라는 점이다. 머릿속에 있는 정보들을 샅샅이 뒤지면서 힘겹게 하나씩 대답해 주는 동안, 나는 지식 검색 엔진이 되어 버린 듯한 기분이었다. 그날의 대화는 오랫동안 고민의 화두가 되었다. 아이들은 나의 강의를 열심히 듣고서도 왜 거기에서 질문을 끌어내지 않았을까. 이틀 동안 서울을 견학하면서 생긴 궁금증은 없었을까. 아이들은 정말로 뭔가 알고 싶어서 그런 질문들을 던졌을까. 혹시 어려운 질문으로 똑똑해 보이고 싶어 했던 것은 아닐까. 그럴 수도 있겠지만, 보다 근본적인 원인은 교육 과정에서 형성된 학습의 프로그램에 있는 듯했다.

그렇게 볼 때 그것은 어른들의 문제기도 하다. 우리는 구체적인 경험과 대상을 중심으로 생각하는 훈련을 받지 못했다. 많은 정보를 두뇌에 입력했지만 구체적인 경험과 대상을 중심으로 생각하는 힘을 키우지는 못했다. 지식을 통합하고 재구성하여 문제를 해결하는 능력이 박약하다. 딱딱하고 건조한 지식을 최대한 저장하여 단답형의 회로로 재빨리 인출하는 게임에 길들여지는 동안 유연하고 폭넓은 사고의 공간을 확보하지 못한 것이다. 그리고 스스로 질문을 창출하지 못한다. 기존의 교육 시스템과 교과 내용은 뇌리에서 물음표를 지워 버리는 경우가 많다.

우리에게 필요한 것은 구체적인 사고방식이다. 눈에 보이고 일상 속에서 체험하는 것들을 실마리로 세상의 원리를 탐구할 수 있는 능력이다. 그런 점에서 구체성과 추상성은 서로 대립하는 것이 아니다. 구체적인 것을 제대로 파고들면 고도의 추상적 개념들에 이를 수 있다. 또한 추상화하는 능력이 뛰어나면 구체적인 것의 본질을 정확하게 꿰뚫을 수 있다. 그러한 사유의 왕복 통로가 빈약할 때 구체적인 것은 단편적인 현상들에 매몰되고 추상적인 것은 막연한 관념으로 흩어져 버린다.

이 장 첫 부분에서 지식과 경험의 관련성에 대해 생각해 보았는데, 그 두 영역 사이의 유기적 순환을 촉진하기 위한 학습의 방안들이 다양하게 구상되고 있다. 대학은 물론 초·중등 교육에서도 현장의 중요성이 점점 강조된다. 인간의 지성은 어떤 구체적인 상황에 직면할 때 더욱 예리하게 촉발되는 면이 있는데, 그 차원을 키워내기 위해서는 여러 가지 경험에 노출되어야 한다. 이 부분을 배제한 채 평면적인 지식을 암기하고 획일적으로 테스트했기 때문에 고학력 무능력자들이 양산된 것이다. 많은 국가에서 '실행을 통한 학습(learning by doing)' 프로그램을 정규 커리큘럼의 틀 안에서 설계하고 추진하는 까닭도 여기에 있다. 이것은 특히 학생들의 장래 직업과 관련하여 의미가 깊다. 우리의 현실은 어떤가. 직업교육이나 진로 지도에서 경험을 통한 학습은 얼마만큼 효과적으로 접맥될 수 있는가.

청소년들 가운데는 이미 직업세계에 깊이 연루되어 있는 이들이 있다. 크게 나눠 두 부류가 있다고 볼 수 있다. 하나는 직업 청소년이다. 가정 형편상 생계나 학비 벌이에 나서야 하거나 가출하여 생활비를 마련하기 위해 일자리를 찾는 것이다. 다른 하나는 직업교육이다. 대학 진학을 포기하고 고등학교 졸업 후 바로 취직

을 준비하는 과정을 밟는 것이다. 그런데 2가지 모두 밝은 이미지
는 아니다. 번듯한 가정에서 태어나 착실하게 공부하면서 대학 진
학을 준비하는 청소년과 달리, 행동이 불량하거나 가정환경이 불
우한 청소년들이 실업계 학교에 가거나 아니면 중도에 직업 세계
로 나가는 것으로 인식되기 때문이다. 여기에는 좋은 대학을 졸업
하면 훌륭한 직업을 얻을 수 있다는 전제가 깔려 있지만 사회는
이미 빠르게 변하고 있다.

이제 중학교 무렵부터 자신의 직업적 소양과 자질을 발견하고
꾸준히 능력을 키워야 한다. 거기에는 3가지 차원의 과제가 요구
된다. 첫째는 직업세계의 지형과 그 변화의 트렌드를 개괄적으로
조감하는 것(mapping)이고, 둘째는 자신의 능력과 욕구를 성찰
하면서 그 직업 세계 안에서 어느 영역을 겨냥할지를 가늠하는 것
(positioning)이다. 셋째는 그러한 직업을 얻기 위해 어떠한 준비
과정을 밟아야 할지 전략과 경로를 짜는 것(tracking)이다. 이 3가
지는 순차적인 과제인 동시에 내용적으로는 긴밀하게 맞물려 순
환되어야 한다.

지금 아이들에게 필요한 것은 우선 다양한 직업의 세계에 대한
깊이 있고 실질적인 정보다. 어떤 사람들이 거기에 종사하고 성공
하는지, 그쪽 방면으로 진출하기 위해 필요한 능력은 무엇인지 정
확하게 알려 주어야 한다. 예를 들어 EBS 방송에서 직업과 관련
한 유용한 프로그램들이 오랫동안 방영되어 왔는데, 프로그램에
서는 각 방면의 장인들이 나와 생생하게 자기 직업에 대한 이야기
를 들려 주고 보여 준다. 인터넷 다시보기가 되는 프로그램이므로
잘 엮어내면 매우 효과적인 커리큘럼으로 개발할 수 있을 것이다.

그런데 그러한 정보들이 딱딱한 데이터 형식이나 다른 사람의

이야기를 통해 전달되는 것은 분명 한계가 있다. 아이들이 직접 눈으로 보고 몸으로 체험할 수 있는 현장이 필요하다. 청소년들은 막연하나마 각기 품고 있는 장래의 소망이 있음에도 무기력에 빠져 있다. 그 이유는 그것을 이루기 위해 무엇을 어떤 수순으로 해나가야 하는지 알지 못하기 때문이다. 따라서 그 경로를 명확하게 보여 주고 거기에 자기의 능력과 소질이 적합한지를 탐색할 수 있도록 안내해 주는 작업이 요구된다. 정해진 목표를 달성할 수 있는 방법과 자신이 수행해야 하는 과업이 구체적으로 파악되어야 한다는 것이다. 그리고 어떤 길을 가고자 정했을 때 그를 위해 필요한 학습을 체계적으로 수행할 수 있는 기반을 마련해야 한다.

그런 취지에서 다양한 인턴십 프로그램이 실시되고 있다. 정부에서 청소년의 직업 인턴십을 지원해 왔지만 그 범위를 확장할 필요가 있다. 즉 자신이 어떤 분야를 확정하여 실무 경험을 쌓고 직업 능력을 개발하는 단계 이전에 현장을 탐색하는 것도 포함되어야 하는 것이다. 일일 직업체험이나 밀착 참여 관찰(job shadowing) 같은 프로그램은 선진국에서는 이미 활성화되어 있는 커리큘럼이다. 멘토는 학교교육에서 배우기 어려운 점들을 세밀하게 코칭하면서 그 계통으로 인생 항로를 펼쳐가기 위해 어느 단계에서 무엇을 기획하고 체득해야 하는지 구체적인 지침을 줄 수 있다. 멘티(mentee)는 그러한 대화 속에서 무엇을 성취하기 위해 무엇을 포기하고 희생해야 하는지에 대해서도 깨닫게 된다. 그리고 전문성이라는 것이 무엇인지, 이른바 '직업윤리'는 그와 어떻게 결부되는지 알 수 있다.

인턴십의 성패는 학교 바깥의 학습 자원을 적절하게 연계하는 데 있다. 특정 분야에서 활동하는 멘토를 찾아 학생에게 인턴십의 기회를 열어 주는 것이다. 그런데 이런 일을 잘 수행하기 위해서는 기존의 교사가 가진 자질 이외에 새로운 능력이 요구된다. 한국은 특히 학교와 학교 바깥 사이의 장벽이 높기 때문이다. 그리고 직업 현장 자체에도 아직은 인턴십을 적절하게 수행할 수 있는 여건이 미흡하다. 여러 직업 현장에 많은 '프로' 들이 있지만 자기의 지식과 경험을 다음 세대에게 교육적으로 전달하고자 하는 마인드는 매우 박약한 실정이다. 앞으로는 학교 외부의 다양한 직업 세계가 학습의 공간으로도 변모할 수 있도록 사람과 현장을 발굴하고 개발해야 한다. 그쪽 방면으로 자기를 개발하고자 하는 청소년들에게 적절한 가르침을 줄 수 있는 멘토가 되어 줄 수 있는 어른들을 찾아내고 연결하는 것이다. 그러한 교육적 의지를 지닌 직업인을 찾아내거나 그럴 가능성이 있는 이를 찾아 그와 같은 의지를 불어넣는 작업이 필요한 것이다.

그러나 인턴십은 의지만으로는 부족하다. 그와 함께 갖춰져야 할 것은 바로 시스템이다. 학교 바깥에서 전혀 새로운 학습의 공간을 만들기 위해서는 체계적인 원리들이 갖춰져야 한다. 예를 들어 어떤 학생이 요리사에게서 요리를 배운다고 할 때 처음에 어떤 방식으로 멘토를 찾아내 접촉하고 관계를 맺을 것인가, 어떤 과정을 통해 학습을 진행하고 평가할 것인가, 학생과 담임교사와 멘토 사이에 이루어지는 소통을 어떤 틀로 담아낼 것인가 등에 대한 매뉴얼이 나와야 한다. 그리고 멘토의 의무 또는 금기사항은 무엇인가, 멘토의 수고를 어떻게 보상할 것인가 등에 대해서도 원칙이 세워져야 한다. 그렇듯 뭔가 질서정연하게 제도화된 구조 속에서 학습을 해나갈 때 청소년은 자신이 지금 하고 있는 일이나 학습에 진지한 자세로 임할 수 있다. 메트스쿨에서 인턴십을 주관하는 담임

교사에게 요구하는 다음과 같은 역할은 우리에게도 참고가 될 것이다.

어드바이저
- 멘토를 했을 때 얻게 되는 보답에 대해 설득할 것
- 멘토의 성격과 작업장에 대해 이해할 것
- 이러한 이해를 바탕으로 생산적인 방향으로 인턴십 학습을 계획할 것
- 멘토가 학생과 자신이 속한 회사 모두에 도움이 되는 프로젝트를 찾도록 도울 것
- 친밀한 분위기와 업무적 성격을 잘 조화시킨 미팅이 되도록 할 것
- 학생의 학습을 위해 멘토가 적절한 틀을 만들도록 도울 것

학교 바깥에서 다양한 학습의 장을 모색하는 교사에게 필요한 자질은 아무래도 '실물 감각'일 것이다. 즉 학교에서 배운 지식이 현장에서 어떻게 접맥되고, 제도권 교육으로 충족되지 못하는 능력은 무엇이며 그것을 어떻게 체득해가야 할지를 면밀하게 포착해 낼 수 있어야 하는 것이다. 그를 위해서는 직접 부딪혀 보는 경험이 매우 중요하다. 교사들이 몇 년에 한 번씩 안식년을 얻어서 또는 방학 때마다 실시하는 연수과정에서 특정한 직업 영역에 직접 뛰어들어 낯선 곳에서 자신을 새롭게 만날 수 있다면 어떨까. 그 활동을 자신의 교과와 연결하여 실행한다면 한결 더 살아 있는 수업을 진행할 수 있을 것이다. 그리고 더 나아가 학교 바깥에 존재하는 수많은 활동과 거기에 종사하는 사람들에 대한 관심과 인맥을 키워야 한다. 그들에게서 수시로 정보를 얻을 뿐 아니라 필요에 따라 아이들과 그들을 연계시켜 줌으로써 학교교육의 한계를 극복

하는 것이다. 앞으로 교사들에게는 그러한 코디네이팅 내지는 네트워킹의 수완이 더욱 요구될 것이다.

다른 한편 청소년들의 아르바이트 참여도 현장 학습의 좋은 기회일 수 있다. 한국에서 서비스업의 규모는 어느덧 도시의 중추 산업으로 자리 잡았고, 많은 청소년들이 아르바이트 형태로 이에 참여하고 있다. 어느 조사에 따르면 중고생 가운데 3분의 1이 방학 때 아르바이트를 할 의향이 있는 것으로 나타났다. 문제는 아르바이트가 오로지 용돈 벌이의 수단일 뿐 학습을 거의 수반하지 않는다는 데 있다. 이는 그들을 값싼 노동력으로만 생각하는 업주들의 태도와 밀접한 관련이 있다. 언제든지 대체될 수 있는 단순 기능으로 배치되는 일의 세계에서 자신의 존재 가치를 확인하기는 어렵다. 그것은 청소년 본인에게만이 아니라 업주에게도 손해다. 육체노동과 달리 서비스업에서는 사람의 마음이 그 자체로 부가가치의 원천이 되기 때문이다. 일에서 소외된 점원이 손님에게 친절한 서비스를 베풀기 어렵기 때문이다.

청소년들의 아르바이트 체험은 경제교육과 접목되어 훌륭한 학습의 재료일 수 있다. 학교교육에서는 그러한 아르바이트 경험을 통해 산업과 경제의 원리를 배우고, 그 안에서 개인의 능력과 가능성을 새롭게 탐색할 수 있도록 유도할 필요가 있다. 최근 유행하는 '비즈 스쿨' 류의 프로그램에서는 창업 시뮬레이션 혹은 다른 성격의 부분적인 실험이 이루어지고 있다. 그런데 창업이란 기발하고 반짝이는 아이디어로만 승부하는 것이 아니다. 주변에 그토록 많은 사람들이 창업을 하지만 대부분 실패로 돌아가는 까닭이 무엇인지를 세밀히 따져 보는 작업에서부터 시작할 필요가 있지 않을까. 아르바이트를 하는 십대들에게 연구 과제를 주는 것도 좋을 것 같다. 지금 일하고 있는 가게에 전망이 있다고 생각하는지, 아니라면 무엇이 문제인지, 자신이 주인이라면 무엇을 어떻게 바꾸고 싶은지 등등. 그래서 가령 퓨전 레스토랑에서 아르바이트를 하는 청소년이 그 음식들에 대해 궁금해하는 손님에게 흥미진진하게 설명해 줄 수 있다면 금상첨화다. 탁월한 비즈니스 마인드는 자기가 하는 일에 대한 애정과 꾸준한 학습, 삶에 대한 진중한 태도, 자아와 타자를 잇는 관계에 대한 다양한 상상력에서 움틀 수 있다.

그것은 궁극적으로 자신의 부가가치 생산 능력에 대한 질문으로 귀결된다. 거기에는 상대방이 원하는 것을 섬세하게 포착하는 감수성, 말 한마디로 유쾌한 분위기를 자아내는 커뮤니케이션 능력, 자기가 하는 작은 일에 주인 의식을 갖고 정성을 기울이는 마음가짐 등이 요구된다. 그러한 능력은 결국 기초적인 소양과 사고 능력을 바탕으로 경제와 사회의 작동 시스템을 체험적으로 익힐 수 있는 수준으로 나아가는 전망 위에서 함양된다. 일본의 '주니어 어치브먼트'*에서는 청소년들이 진로를 설계하면서 준비해야 하는 자질로서 사회적 적응력을 핵심으로 꼽고 있다. 그리고 거기에 포함되는 구체적인 내용으로는 노동의 의미, 넓은 시야에 기반을 둔 가설 설정력, 의사 결정력, 코스트 의식, 타인과 다른 의견을 가질 수 있는 용기, 다른 의견에 대한 관용 등을 열거하고 있다. 경제교육에 대한 관심과 참여가 활성화되고 있는 한국에서도 참고할 만한 내용이라고 본다.

특정한 직무 내용을 떠나서 직장인들의 살아가는 이야기를 듣는 것도 진로교육의 좋은 방법이다. 경제생활을 영위하는 어른들의

---

* 주니어 어치브먼트(Junior Achievement)는 1919년 설립된 미국의 대표적 경제교육기관(비영리단체)으로서 현재 한국을 포함하여 113개국에 지사를 두고 활동하고 있다.

마음속에 어떤 사태가 일어나고 있는지 깊이 헤아리면서 자신의 미래를 상상하는 것이다. 왜 그토록 많은 사람들이 직장생활을 하면서 피폐해지는지, 직업을 통해 성취하고자 하는 목표는 무엇인지, 그리고 그것이 삶의 궁극적인 목적과 어떻게 연관되는지 등을 알아볼 수 있다. 설문이나 심층 인터뷰의 형식을 활용할 수 있고, 그 결과가 교육의 콘텐츠로 축적될 수 있다. 자신의 아버지나 어머니를 일차적인 대상으로 삼는 것도 좋은 방법이다. 사실 자신의 직업 생활에 대해 자녀와 깊이 있게 대화를 나누는 부모들이 많지 않은 상황에서, 그 주제는 소통의 훌륭한 촉매제가 된다.

또 다른 아이디어로서, 다양한 직장인들을 대상으로 직업 선택의 실패 사례들을 수집해 정리하는 것은 어떨까. 우리는 실패의 경험에서 배우기를 싫어한다. 실패의 경험은 은폐되거나 외면되고, 그래서 똑같은 실패가 반복된다. 겉멋에 끌려 직업을 선택했다가 실패했거나 후회하면서 억지로 직장생활을 하는 사람, 헛된 꿈에 사업을 벌여 과도한 욕심으로 무리하게 규모를 확장해가다 파산한 사람들의 경험은 자라나는 젊은이들에게는 귀한 교훈이 될 수 있다. 그들이 자신의 경험과 그에 대한 해석을 직접 들려 주는 자리를 마련해도 좋다. 그렇게 되면 자신의 시행착오가 헛된 것이 아니라 다른 사람들이 전철을 밟지 않도록 도움을 주는 자산일 수 있음을 확인하면서 본인도 보람을 느낄 수 있을 것이다.

그러한 탐구를 통해 궁극적으로 탐구하는 것은 일의 긍정적인 존재 양식이다. 일을 통해 생명의 에너지를 표출하고, 타인과 의미 있는 관계를 구축할 수 있는 가능성을 찾는 것이다. 일을 통해서 '아, 바로 이런 게 사는 것이지'라는 느낌으로 충만해지면서 행복감을 느끼는 사람들을 찾아보고, 무엇이 그러한 경지에 이르게 하는지를 분석해 볼 수 있다. 똑같은 직장에 다니는데 행복감에서 왜 편차가 나타나는지, 평범한 일을 하면서 큰 기쁨을 맛보는 이들은 누구인지, 그들에게 일의 의미는 무엇이고, 거기에서 경제적인 보상 이외에 어떤 만족감을 추구하는지 등을 조사해 본다면 훌륭한 프로그램이 될 듯하다. (구체적인 교육 프로그램 구성을 위해서는 칙센트미하이의 『어른이 된다는 것은』이나 알 지니의 『일이란 무엇인가』를 참고하자.)

그런 프로그램은 미래를 준비하는 젊은이들에게만 의미 있는 것이 아니다. 저마다 자기 직업에 종사하는 어른들도 매우 흥미진진하게 읽을 수 있다. 숨 가쁜 스피드로 내달리는 어른들에게 자신의 직업 세계를 성찰하는 담론은 생소하게 다가올 수 있다. 그리고 다른 직종에 있는 이들이 어떤 삶을 영위하는지도 궁금할 것이다. 전혀 다른 길을 걸어가고 있는 타인들을 통해 인생을 대리 체험할 수 있다. 또한 저마다 특유한 애환이 서려 있겠지만, 한 꺼풀 벗겨 보면 사람 사는 곳 어디에나 있을 수 있는 일들임을 발견하면서 세상을 폭넓게 이해하는 눈이 열릴 수도 있다.

커뮤니케이션 네트워크는 비약적으로 발전하고 정보는 폭발적으로 증식하지만 대화는 점점 박약해지고 지식은 자꾸만 빈곤해지는 시대를 우리는 살아가고 있다. 공적 영역의 담론은 전문화되고 딱딱해지는 한편, 사적 세계의 레토릭은 옹색한 골방에 갇혀 있거나 허망하게 증발되어 버리기 일쑤다. 이러한 언어의 위기 속에서 직업의 체험을 발효시켜 다양한 삶을 이야기로 풀어낼 수 있다면 매우 소중한 선물이 될 수 있다. 세대를 넘어서 이루어지는 교류와 만남은 한 사회가 건실하게 유지되는 데 긴요한 토대가 된다. 어른들에게서 무엇인가를 배울 수 있고 인생의 후배들에게 말을 건넬 수 있다는 것은 크나큰 기쁨이다.

chapter 2

문화예술교육, 무엇을 어떻게

과잉 속의 결핍

어느 교사가 아이들의 국어 점수가 너무 형편없어서 한 학생을 지명하여 물어 보았다. "야, 이 녀석아, 『무정』을 누가 썼지?" 아이는 갑작스러운 질문에 당황하면서 약간 겁에 질린 표정으로 대답했다. "선생님, 제가 '무정' 안 썼는데요." 어안이 벙벙해진 교사는 말했다. "너 도대체 공부를 하지 않는구나. 어머니 모셔 와라."

며칠 후 어머니가 찾아와 교사와 마주 앉았다. 교사가 물었다. "집에서 아이 공부에 신경 쓰셔야겠습니다. 아니 글쎄 아드님에게 『무정』을 누가 썼냐고 물으니까, 자기가 안 썼다고 하더라고요." 이에 어머니는 영문은 모르지만 아이가 무슨 큰 잘못을 저지른 줄 알고 이렇게 대답했다. "선생님, 면목이 없습니다. 그 아이가 선생님에게 혼날까 봐 거짓말한 것 같아요. 그거, 아마 제 아이가 썼을 거예요."

우리는 국어 시간에 수많은 작품명을 암기했다. 그리고 그 작품이 속해 있는 사조와 문학사적인 의의 등에 대해서도 열심히 공부했다. 그 가운데 일부 교과서에 본문이 실린 작품들의 경우 텍스트에 대한 면밀한 분석을 해야 했다. 시험에 출제되기 때문이다. 그런데 정작 그 문학 작품들을 읽으면서 주인공의 내면에 깊숙이 몰입하면서 그 마음의 결을 촘촘하게 느껴 볼 여유는 많지 않았다. 작가가 추구하는 정신세계를 흠모하면서 감동하는 능력은 객관적으로 평가되지 않기에 중요하게 여겨지지 않았다. 그 결과 예술을 공부하면서도 감수성을 풍부하게 다지는 일은 소홀하게 되었다. 음악이나 미술의 경우에도 사정은 비슷하다. 그런 식으로 방치된 정서는 계속 성장 과정에 취약한 고리로 남게 된다.

역사 속에서 위대한 업적을 남긴 과학자들 가운데는 어린 시절에 자연이나 예술을 통해 정서를 풍부하게 가꾸면서 창의성을 키운 경우가 많다. 이성의 발달은 감성의 개발과 밀접한 관련이 있다. 어떤 대상이나 상황에 대한 직관력은 논리만이 아니고 훨씬 더 근본적인 이해와 통찰을 수반한다. 인간의 사고(思考)는 언어로 포착되기 이전의 어떤 이미지에 의해 이끌린다. 따라서 사물에 대한 상상력이 넓어지면 창조적 발상이 원활해진다. 자연 현상에서 예술 체험에 이르기까지 폭넓게 아우르는 기억의 저장고, 그것은 삶의 기쁨을 빚어내는 자산이다. 사람과 사람이 만나는 지성과 감성의 두터운 통로가 거기에서 열린다. 그러한 통로를 다양하게 넓히는 것이 바로 문화다. 청소년들이 현재를 충만하게 누리면서 새로운 현실을 창조할 수 있는 문화가 다양하게 형성되어야 한다.

청소년들은 자신들에게 의미 있는 삶의 자리를 학교 바깥에서 찾는데, 거기에는 언제나 대중문화의 다양한 코드가 밀접하게 매개되고 있다. 그런데 대중문화에서 추구되는 욕망은 학교교육에서 요구하는 자질과 근본적으로 모순되는 경우가 많다. 대량 복제된 이미지와 자극에 매몰된 일상은 긴 안목으로 자기를 연마하고 미래를 준비하는 능력을 감퇴시킨다. 그러니까 오늘 한국 사회에서 청소년들에게 교육과 문화는 이율배반적인 영역으로 존재하는 셈이다. 교육의 실패는 말초적 문화로 향한 과도한 경도로 이어진다. 그리고 그러한 문화에 대한 탐닉은 다시 교육을 위협한다. 이렇듯 교육과 문화 사이의 거리는 점점 넓어질 것인가. 욕망과 감수성을 한껏 충족시키면서도 그것이 소비나 고갈이 아니라 자기를 발견하고 심화하는 길은 없을까. 바로 그러한 점에서 예술교육이 요청된다.

그런데 한국에 예술교육이 부족한 것은 아니다. 아니 그야말로 엄청난 규모로 이루어지고 있다. 전국 어느 도시에 가든 동네마다 피아노 학원과 미술 학원이 즐비하다. 특히 초등학교 아이들은 피아노를 필수교과처럼 배운다. 음악 공부를 계속 할 목적이 아니더라도 학교 수업을 따라가는 데 필요한 기본을 다져두어야 한다고 생각하기 때문에 중학교 이전에 많은 시간을 할애한다.

전공교육 쪽으로 가도 교육 시장의 규모는 대단히 크다. 예능계 지망생을 위한 입시학원은 경제 사정과 상관없이 늘 문전성시를 이룬다. 그리고 전국 대학에서 배출하는 졸업생만도 매년 3만 명을 넘는다. 거기에서 그치지 않는다. 예능 계통으로 공부하기 위해 외국에 유학 나간 학생의 수는 세계 최고 수준이다.

순수 예술만이 아니다. 1990년대 이후 국내외적으로 문화산업이 급속하게 성장하고 그러한 흐름에 맞춰 정부에서도 '21세기는 문화의 세기'라는 구호를 내걸면서 지원을 크게 늘리기 시작했다. 이런 가운데 청소년들 사이에서도 그 방면으로 진출하려는 꿈을 키우는 이들이 급속히 늘어났다. 그래서 영화, 애니메이션, 게임, 디자인, 가수, 비보이, 백댄서 같은 직업에 대한 선호도가 매우 높아지고 있는 것으로 나타난다. 이러한 상황 변화에 대학들도 발 빠르게 대응하여 관련 학과들이 대거 신설되었고, 인기도 꾸준히 올라갔다. 예를 들어 이제 모든 미술대학에서 디자인학과의 커트라인은 순수 미술학과보다 훨씬 높은 수준을 기록하고 있다. 대학뿐만 아니라 문화산업에 관련된 기능을 단기간에 가르치는 사설 학원도 엄청나게 생겨났다. 그래서 이제 한국은 문화산업 지망생들을 많이 육성하는 나라 가운데 하나가 되었다.

그런데 이렇듯 순수 예술 및 문화산업 관련 교육이 활발히 이루어지는 데 비해 정작 문화 그 자체의 모습은 어떤가. 그렇게 많은 아이들이 피아노를 배우지만, 정작 피아노 연주회장은 대부분 썰렁하다. 몇몇 세계적인 연주가들의 공연이 아니면 초대권을 뿌려 객석을 메워야 하고, 그러한 '동원'조차 어려울 때가 많아 대학 교수들은 제자들에게 표를 판매하도록 시키기도 한다. 졸업 연주회나 귀국 독주회는 그야말로 가족이나 친지 그리고 가까운 친구들을 불러 모아 벌이는 학예회 분위기다. 무용이나 미술 방면에서도 마찬가지다. 그렇게 막대한 교육비를 투입해 나름대로 예술가로서의 자격과 경지에 이르렀지만 공연이나 전시를 한번 치르기 위해서는 또다시 막대한 자금을 쏟아 부어야 한다. 그 세계에서 경력을 쌓으려면 울며 겨자 먹기로 무대를 마련해야 한다.

물론 선진국의 경우에도 순수 예술 공연에서 수지를 맞추기는 쉽지 않다. 그렇더라도 웬만한 문화 공연장들은 운영비의 절반 정도를 관람료로 충당한다. 이는 한국의 10퍼센트와 비교할 때 매우 높은 수치다. 그만큼 자기 돈을 내고 기꺼이 관람하는 시민들이 많다는 것이다. 또 다른 관점에서 해석하자면 초대권을 남발해가면서 무리하게 공연을 벌이지도 않는다고 볼 수 있다. 그러니까 한국의 경우 예술가로서 입지를 마련하기까지 많은 비용이 들어가는 것이다.

그렇다면 그러한 비용은 어디에서 충당되는 것일까. 크게 둘로 나눌 수 있다. 하나는 부모의 든든한 후원이다. 예술가로서 출세하는 것은 가문의 영예고, 크게 성공하지는 못해도 여성의 경우에는 괜찮은 신붓감으로 여겨진다. 따라서 경제적으로 여유가 있는 부모의 경우 자녀의 예술교육에 투자하는 것은 그 나름대로 가치가 있다. 또 하나의 중요한 자금원은 바로 개인 레슨이다. 한국의 예술 사교육 시장은 그 규모가 엄청나다. 대학교수에서 대학생에 이르기까지 많은 예술가와 지망생들이 예술 입시교육에 나선다. 수험생의 입장에서는 그렇게 해서 좋은 대학에 들어갈 수만 있다면 다시 사교육 시장에 뛰어들어 그동안 쏟아 부은 사교육비 이상을 벌 수 있다. 그런 점에서 한국의 예술 시장은 상당 부분이 교육 시장이다. 개인 레슨을 열심히 하여 번 돈으로 자기의 개인 공연 비용을 충당하는 기형적인 구조를 이루고 있는 것이다.

결국 뜨겁게 달아오르는 예술교육과 그와 밀접하게 맞물린 예술 활동은 콘서트장이나 갤러리라는 한정된 영역에서 자체 충족적인 행위로 머물고 있는 셈이다. 즉 예술 영역에서 형성되는 정서적인 자양분이 삶과 사회 일반으로 확산되어 문화를 풍요롭게 가꾸지 못하는 것이다. 그것은 손색없이 건축된 세종문화회관이나 예술의 전당, 인사동 미술관이 그것을 둘러싼 도시 환경과 빚는 극명한 대조로 잘 드러난다. 연주회장에는 아름다운 선율이 가득 흐르지만 일상의 소리풍경(soundscape)은 거리의 온갖 소음으로 어지럽다. 갤러리에는 명화 전시가 끊이지 않지만 도시의 경관은 잡다하고 천박한 선전물들과 무지막지한 간판들로 풍경의 아노미 상태다.

예술가들 가운데 그러한 모순을 심각하게 느끼는 이들이 과연 얼마나 있을까.

연주자 양성에서 관객 육성으로

많은 아이들이 부모의 손에 이끌려 예술에 입문한다. 그리고 자기 자녀가 조금이라도 앞서가길 바라는 부모들은 아이를 맡긴 학원이 빨리 빨리 진도를 나가 주길 바란다. 학원은 감성의 배양은 뒷전으로 하고 기능적인 재주만 키우는 데 매달리게 된다. 그 결과 대다수 아이들이 이른 나이에 상당한 기예를 체득하게 되지만 그것이 후에 탁월한 예술적 성취로 이어지지는 못한다. 그것은 한국 초등학생들의 수학 실력이 세계 최고지만 뛰어난 수학자를 배출하지는 못하는 것과 비슷하다. 그리고 초등학생들의 축구 실력이 국제적으로는 손색이 없지만 탁월한 프로 선수는 별로 배출되지 못하는 것도 마찬가지 이유다. 당장의 성적과 승부에 집착해 피상적인 요령만 터득할 뿐 근본 원리를 이해하고 기초 체력을 쌓는 것을 소홀히 한 데서 온 결과다. 예술에서도 피아노를 잘 치고 그림을 멋지게 그리는 것을 배우기 이전에, 그 안에 담기는 메시지를 충분히 자신의 것으로 소화할 수 있는 안목과 감성을 키워야 하는데 그 점에서 심각한 결함이 있는 것이다.

여기에서 한 가지 근본적인 질문을 던져 본다. 한국에서 예술교육의 궁극적인 목표는 무엇인가. 바이올린 같은 악기를 들고 시내를 활보하는 대학생의 꿈은 어떤 것일까. 예술가가 되는 것의 보람은 어디에 있는가. 조수미나 사라장 같은 이들의 성공 신화는 많은 어린이와 청소년 그리고 그 부모들의 '예술혼'을 불태우는 원동력이다. 그러나 그러한 영예를 안을 수 있는 이는 정말로 극소수에 불과하다. 세계 정상에 서기는커녕 국내에서 성악가의 반열에 끼는 것도 매우 험난한 경쟁을 통과해야 한다. 그리고 경쟁은 점점 더 치열해지고 있다.

그동안 예술교육 시장 그 자체의 동력으로 예술가의 세계가 성장할 수 있었던 것은 경제 성장과 인구 성장이 맞물린 지난 반세기의 특이한 상황이 뒷받침되었기 때문이다. 즉 점점 경제적으로 여유로워지면서 예술에 대한 관심이 높아지고 그 방면으로 진출하고자 하는 젊은이들이 교육 시장의 수요를 형성했다. 그리고 그 과정을 마치고 구할 수 있는 직장도 어느 정도 보장되었다. 대학이 꾸준히 증가하면서 교직으로의 진로를 계속 넓혀 준 것이다. 그런데 이제 성장의 신화가 막을 내렸다. 경제는 갑자기 어려워져 예술에 많은 교육비를 투자할 수 있는 가정이 줄어들었다. 그리고 인구 구조에도 변화가 일어나 정원조차 채우기 힘든 대학이 늘어나고 있다. 물론 이러한 어려움은 모든 전문 영역에 영향을 미치지만 예술은 더욱 심각하게 다가온다.

따져 보면 지금과 같은 상황에서는 예술 관련 대학들은 해마다 엄청난 예비 실업자를 배출하는 것이다. 전공을 살려서 진출할 수 있는 분야가 너무 제한되어 있기 때문이다. 대학 이외에 그나마 간신히 유지되던 오케스트라 같은 영역도 기업의 메세나 축소와 지자체의 재정 긴축으로 인력을 새롭게 흡수하는 데 어려움이 많다. 미술품을 고가로 사들여 주는 기업들도 예전만큼 많지 않다. 그러니까 예전에는 자기를 가르쳐 주는 선생(과외 선생이든 대학 교수든)에게 충실하게 사사받으면 그처럼 될 수 있다는 희망이 있었고 어느 정도 실현되었다. 바로 그러한 꿈이 예술교육 시장을 넓혀 주었다. 그런데 그러한 피라미드형 교육 시장은 이제 근원적인 한계에 도달했다. 무대 위에서 갈채를 받거나 작품전을 크게 열어 축하를 받으면서 예술혼을 불태우는 장인에 대한 꿈은 점점 이룰 수 없는 환영이 되어 멀어져만 가는 것이다. 그렇다면 돌파구는 없을까.

이제 예술의 존립 근거를 다시 세워야 한다. 예술가와 예술가 지망생으로 구성된 폐쇄적인 서클을 넘어서 사회적인 기반을 확장해야 한다. 쉽게 말하자면 콘서트장이나 전시회에 입장권을 사서 들어오는 관객들이 더 많아져야 하는 것이다. 곧 그러한 예술을 기꺼이 향유하는 청중과 관객의 저변이 훨씬 두터워져야 한다. 그런데 현실은 어떤가. 그 많은 피아노 학원과 미술 학원들이 그러한 관객들을 키워내지 못한다는 점에서 오늘 한국의 문화교육은 완전히 실패작이다. 키워내기는커녕 오히려 그러한 예비 관객을 소멸시키고 있는지도 모른다.

예술의 원점을 되짚어 볼 필요가 있다. 자기를 정당하고 아름답게 표현하고 타자를 온전하게 용납하는 교류가 예술교육을 통해 체험되어야 한다. 그것은 궁극적으로 공적인 존재로서 자아를 각성하는 과정과 맞물린다. 그리고 그러한 마음과 정신으로 타자와 만나 삶의 기쁨을 만들어내는 공적 행복감의 원천이다. 오늘 문화는 그러한 보람을 북돋는 동력으로 되살아나야 한다. 예술교육은 그 한가운데서 맞물려야 한다. 그렇다면 그것은 구체적으로 어떤 모습일까.

2000년에 개봉된 스티븐 달드리 감독의 「빌리 엘리어트 *Billy Elliot*」라는 영화가 있다. 이 영화는 영국의 대처 수상이 한창 급진적인 개혁을 밀어붙이고 있던 1984년, 사양길로 접어든 어느 탄광

촌을 배경으로 한다. 주인공 엘리어트는 일찍이 어머니를 여의고 아버지와 형은 매일 파업에 참여하느라 정신이 없다. 두 남자는 매우 거칠고 투박한 성격의 소유자다. 사내라면 당연히 권투를 해야 한다면서 이를 아들에게 강요하는 아버지, "형, 죽음이 뭘까"라고 동생이 물으면 "입 닥쳐"라고 단호하게 말을 자르는 형, 그들의 이미지는 전형적인 가부장적 남성상이다. 그에 비해 엘리어트는 매우 여리고 섬세한 감성을 타고났다. 그래서 아버지의 등쌀에 떠밀려 억지로 해야 하는 권투가 늘 괴롭기만 하다.

어느 날, 권투 연습을 하던 빌리는 체육관 한 귀퉁이에서 실시되는 발레수업에 우연히 참여하게 되고, 그 수업의 평화로운 분위기와 아름다운 음악에 매료되어 버린다. 발레수업의 선생인 윌킨슨 부인의 권유로 간단한 레슨을 받게 된 빌리는 발레의 매력에 빠져들고, 빌리의 천재성을 발견한 윌킨슨 부인은 빌리에게 전혀 새로운 세상을 열어 준다. 하지만 이러한 행복도 잠시, 아버지와 형의 단호한 반대로 빌리의 발레수업은 중단되고 만다. 힘든 노동과 시위로 살아온 그들에게 남자가 발레를 한다는 것은 수치스러운 일이었다.

하지만 성탄절에 친구에게 자신의 발레 솜씨를 보여 주고 싶었던 빌리는 텅 빈 체육관에서 혼자만의 무대를 만들어낸다. 이때 우연히 체육관을 찾은 아버지는 빌리의 춤을 직접 보게 되고, 빌리의 진지한 몸짓에서 자신의 아들이 진정으로 원하는 것이 무엇인지 깨닫는다. 그날 이후, 아버지는 빌리의 열성적인 후원자로 변신한다. 아들을 왕립발레스쿨에 보낼 자금을 마련하기 위해 죽은 부인의 유품을 전당포에 맡기고, 시위까지 포기한 아버지의 헌신적인 배려와, 빌리를 중심으로 다시 모이게 된 가족의 배려 속에 빌리는 오디션을 받는다. 그 결과 엄청난 경쟁을 뚫고 학교에 입학하게 되고 가족과 떨어져 런던에서 몇 년간 수업을 받게 된다. 드디어 첫 무대에 서는 날 탁월한 발레리노로 성장해 공중으로 솟아오르는 엘리어트의 모습을 아버지와 형이 객석에서 눈물을 흘리며 바라보는 장면으로 영화는 끝난다. (이상의 영화 줄거리는 daum.net의 영화 정보에 나와 있는 줄거리를 토대로 정리한 것임.)

이 영화가 계속 마음에 남는 까닭은 무엇인가. 한 아이의 잠재력을 키워 주기 위해 헌신하는 어른들의 뜨거운 사랑과 열정 때문이다. 사람이 사람을 키운다는 것은 얼마나 고귀하고 순수한 열정을 요구하는가에 대해 새삼 생각하게 만드는 것이다. 특히 엘리어트의 교사 윌킨슨 부인의 헌신은 가슴 뭉클하게 만든다. 처음에는 돈만 밝히는 평범한 학원 선생으로 등장하지만 엘리어트의 재능과 열망을 발견하고 나서는 온갖 수모와 오해를 무릅쓰고 달려든다. (윌킨슨 부인은 엘리어트의 아버지와 형을 설득하는 과정에서 고초를 당하고, 엘리어트와도 갈등을 겪는다.)

영화에 이런 장면이 있다. 윌킨슨 부인이 엘리어트를 정식으로 개인 지도하기 위해 처음 만나는 날, 그는 엘리어트에게 자기가 가장 소중히 생각하는 물건들을 챙겨오도록 숙제를 내준다. 엘리어트는 평소에 몰래 훔쳐 듣던 형의 디스코 음악 테이프, 몇몇 아끼는 소지품, 그리고 돌아가신 어머니가 남긴 편지 등을 가지고 선생님을 만난다. 윌킨슨 부인은 춤을 가르치기 위해서 엘리어트가 무엇을 표현하고 싶어 하는지를 알아야 했다고 그 이유를 설명한다. 엘리어트가 소중히 간직해 둔 엄마의 편지를 차근차근 읽으면서 공감대를 만들어가는 윌킨슨 부인의 교육철학은 분명했다. 아이의 삶과 경험, 거기에서 출발해야 한다는 것이다.

한국 도시 곳곳에 예술 학원들이 들어서 있는데, 과연 아이들의 마음을 그렇게 섬세하게 헤아리면서 감수성을 키워 주는 교육이 어디에서 이루어지고 있는지 생각해 본다. 엄마에게 혼난 아이가 울적한 마음으로 피아노 학원에 왔다면 정해진 진도를 접어두고 약간 슬픈 곡을 가르쳐 주면서 '이 음악에 네 마음을 담아 볼 수 있겠니'라고 말을 건넬 수 있는 교사가 있다면 하는 상상을 해본다.

예술은 치유의 힘을 지니고 있다. 그리고 아이들에게 새로운 언어와 새로운 경험을 제공하면서 그 둘 사이를 연결시킬 수 있다. 그 언어는 말과 글만이 아니라 미디어와 몸짓에 이르기까지 보다 폭넓은 소통의 도구 및 회로들을 아우른다. 예술교육은 청소년들이 그러한 언어를 다양하게 개발하고 체득해 자기표현의 가능성을 넓힐 수 있도록 하는 데 목적이 있다고 할 수 있다. 그리고 그를 통해 세상과 대화할 수 있는 통로가 열림으로써 자기의 존재와 삶을 긍정적으로 바라볼 수 있다. 자기 긍정은 동기부여의 일차적 필요 조건이다.

창의성과 상상력 그리고 감수성

사람을 만드는 것이 이성이라면, 그(사람)를 이끄는 것은 감정이다.

— 루소

2007년 5월 EBS를 통해 방영된 BBC 다큐멘터리 「개러스 선생님의 고교합창단 프로젝트」(원제는 *The Choir*)가 있었다. 개러스 선생은 런던 심포니 오케스트라 합창단의 지휘자인데, 그는 청소년을 클래식의 세계로 인도하려는 소망을 갖고 있었다. 어느 날 노스홀트 중학교에서 합창단을 꾸릴 수 있는 기회가 찾아온다. 그런데 그들은 한 번도 제대로 음악을 배워 본 적이 없는 아이들이다. 그 가운데서 30명의 학생을 선발하여 합창단을 만들어 세계 최대의 합창대회인 '합창 올림픽'에 도전하기로 한다. 그러니 그 과정이 순조로울 리가 없다. 의욕을 갖고 입단했지만 생각만큼 실력이 오르지 않고, 단원들 사이에 예기치 않은 불화와 갈등이 생겨나 합창단 자체가 와해될 위기에 이르기도 한다. 그러나 이 모든 것을 거치면서 마침내 본선대회까지 진출한다.

이 다큐멘터리는 그 우여곡절의 과정을 생생히 담아낸다. 예술 체험을 통해 아이들이 성장해가는 모습이 구체적으로 드러난다. 그리고 거기에서 교사의 헌신과 애정이 돋보인다. 본선에 진출했지만 아깝게도 2차전에 탈락했을 때 개러스 선생은 이렇게 말한다. "뜸들이지 않고 말하겠다. 우리는 2차전에 떨어졌어. 하지만 2차전에는 단지 4팀만 출전하는 거란다. 최고의 합창단만이 나가는 거지. 너희들도 경쟁이 얼마나 치열했는지 알 거야. 오늘밤, 많은 합창단이 우리들처럼 실망할 거야. 하지만 우리는 너무도 잘했어. (……) 오늘 무대에서 성악가처럼 잘 불렀어. 적어도 내 귀에는 그렇게 들렸어."

아이들도 스스로를 대견하게 여기며 다음과 같이 말한다. "합창단 경험이 전혀 없던 우리가 이 중국까지 왔다는 것이 대단해요." "내가 학교와 마을, 영국을 대표한다는 것은 이제껏 상상해 보지 못한 벅찬 경험이었어요." "25명 가운데 1명의 목소리라도 없었으면 이런 멋진 노래는 만들어질 수 없었을 거예요." 교사의 중요성에 대한 언급도 나온다. "하고 싶은 걸 위해서라면 시험(오디션)도

보고 연습도 꾸준히 해야 하고, 좋은 선생님도 만나야 한다는 걸 알았어요." "이 무대에 서기 위해 필요한 것은 용기, 목표, 좋은 선생님이었어요."

어떤 목표를 스스로 정해 성취해 보는 경험은 인간의 성장에서 매우 중요하다. 그러한 경험은 기계적인 학습과 획일적인 평가 시스템 속에서는 매우 어렵다. 그에 비해 예술 영역에서 창조를 통해 인간은 자기와 치열하게 대결함으로써 한계를 넘어서고, 드높은 세계에 대한 온전한 몰입을 통해 육중한 행복감을 맛보게 된다. 창작이나 연주까지는 아니라 해도 단지 뛰어난 예술 세계를 접하는 것만으로도 삶을 대하는 아이들의 태도가 달라질 수 있다. 인천의 어느 사회복지관 관장에게 들은 말이다. 가정이 해체되어 황폐하게 살아가는 아이들에게 뛰어난 공연물을 보여 주면 그 반응이 자못 진지하다고 한다. 그러면서 "뭔지는 잘 모르겠지만 굉장히 멋있다. 그리고 저렇게 하려면 무척 연습을 많이 했겠지"라고 말한다고 한다.

예술 그 자체는 인간의 숭고한 상상계를 통해 아름다움의 체험을 유발한다. 일상의 진부한 경험세계를 넘어 탁월한 경지를 보여 주면서 존재 가능성의 범위를 크게 확장해 준다. 그리고 그것을 향해 매진하는 사람은 그 모습만으로도 보는 이들을 매료시킨다. 감동받는다는 것 자체가 삶에 엄청난 힘이 된다. 예술교육은 청소년들에게 자기에 대한 심오한 발견과 인간에 대한 무한한 동경을 불러일으킬 수 있다.

최근에 기업의 임원 교육에서 예술이 각광받는 이유도 그러한 효과 때문이다. 쉰을 넘긴 중년의 아저씨들이 사진기를 들고 촬영을 하고 영화의 어떤 장면을 연기한다. 도화지를 펼쳐놓고 물감으로 여러 가지 문양을 그리면서 뭔가를 표현하려 애쓴다. 취미나 교양으로 배우는 것이 아니다. 창의성을 연마하는 핵심 프로그램이다. 아직 눈에 드러나지 않은 가능성을 포착하고 남들이 생각하지 않은 세계를 상상하는 힘이 리더들에게 점점 요구되는 가운데, 예술은 그러한 능력을 키우는 지름길로 여겨진다. 기업에서는 학교와 입시에서 외면당하는 예술교육이 중시된다. 시대의 요구는 학교보다 기업이 더 민첩하게 파악하고 수용한다.

상상력은 감각이라는 회로를 풍부하게 열어 주는데, 이는 그 자체로 행복감의 원천이다. 조앤 에릭슨은 『감각의 매혹 *Wisdom and the Senses*』이라는 책에서 다음과 같이 말한다. "감각의 교육(때로는 재교육)을 통해서 지각력이 예리하게 다듬어지고 그로 인한 기쁨이 솟구친다. 또한 일상생활의 만족감이 증가할 뿐만 아니라 새롭고 아찔한 미적 경험의 대로가 열릴 것이다. 이 경험은 물질과 도구의 세계를 발견하는 자극으로 이어질 것이며 이는 놀라우면서도 노력을 요하는 예술행위 과정으로 우리를 이끌 것이다. 예술행위를 하면서 부산물로 얻게 되는 가장 기분 좋은 보상이 있다면 그 과정에서 지적으로 심오해지고, 보다 깊이 있게 물질을 음미할 수 있으며, 모든 물질의 존재 이유를 존중하게 된다는 것이다."

그는 이 책에서 '경이로움은 지식의 동기이자 인식의 근거'라는 플라톤의 말을 인용하면서 그 경험이 아이들만이 아니라 어른들에게도 지속되어야 한다고 주장한다. 그리고 예술철학자 수잔느 랭어의 다음과 같은 말을 빌려 예술이 교육에 어떻게 연관되어야 하는지를 설파한다. "(상상은) 가장 오래된, 추상적 이성보다 더 오래된 인간의 고유한 특성이며 꿈과 이성과 종교, 이 모든 일반적 관찰 행위의 공통적 근원이다. (……) 자신에 관한 앎, 인생의 모든 장(場)과 마음에 대한 통찰은 예술적인 상상에서 나온다. 이것이 인식으로서 예술이 갖고 있는 가치다. 생각하건대 예술이야말로 교육의 핵심에 놓여 있는 것이다."

화학이 애니메이션을 만날 때

어느 백화점에서 테너의 성악곡이 들려온다. 고객들을 끌어 모으기 위해 특별히 마련한 이벤트일까. 그게 아니라 어느 가게의 주인이 부르는 노랫소리다. 그런데 엉뚱하게도 그가 판매하는 상품은 안마기다. 안마기와 노래가 무슨 연관이라도 있는 걸까. 의자 안마기는 손님들이 앉아서 직접 그 효능을 확인할 수 있도록 개방되어 있다. 주인은 손님들이 앉아 안마를 받는 동안 지루하지 않도록 노래를 불러 주는 것이다. 물론 중간에 상품에 대한 상세한 안내가 곁들여진다. 그는 대학에서 성악을 전공했다고 한다. 음대 졸업생이 전공을 살리는 방식이 얼마나 다양할 수 있는지 보여 주는 사례다.

예전에 수원에서 들렀던 어느 이비인후과 병원이 생각난다. 환자 대기실은 물론 진료실 안에까지 벽에 그림이 가득 걸려 있었다. 꽤나 수준 높은 작품들이었다. 그리고 실내에서는 계속 은은한 음악이 흘러나왔다. 환자들이 자기 차례를 기다리면서 여성 잡지와 텔레비전으로 시간을 때워야 하는 보통의 병원과는 분위기가 아주 많이 달랐다. 의료진이 환자를 대하는 태도나 말씨도 예술을 사랑하는 사람들답게 부드러웠다. 그 원장은 수원의 미술계에서 꽤 유명한 인물로 수익의 상당 부분을 작품을 사는 데 쓴다고 했다. 그

에게 예술은 단순히 취미가 아니라 환자의 치료라는 본업의 연장
선상에 있는 것이다.

　이처럼 예술은 특정한 장르의 경계를 넘어 다른 영역들과 다양
하게 만난다. 교육도 마찬가지다. 지금 학교의 예술교육은 음악이
나 미술 시간에만 국한되고, 그것도 그 방면으로 대학에 진학할 학
생들이 아니면 별로 의미가 없는 수업이 되고 마는 게 현실이다.
그러나 미적인 체험은 예술 교과목의 울타리를 넘어 여러 학습 행
위에 긴밀하게 맞물려 영향을 미칠 수 있다. 그 시너지가 불러일으
키는 감성적 반응은 배움의 세계를 질적으로 고양시키면서 그 내
용을 충실히 이해하고 거기에 관련된 창의적 잠재력을 이끌어내는
통로일 수 있다. 그렇다면 그것은 구체적으로 어떤 모습일까.

　다큐멘터리 「MBC 스페셜」 '열다섯 살, 꿈의 교실 편' (2008년 1
월 19일 방영)에 나온 이야기를 소개한다. 체육관에 매트를 길게
깔아놓고 아이들이 연달아 텀블링을 한다. 체조 시간인가 보다. 그
런데 그 매트 옆에 그냥 교복을 입은 아이들이 양쪽으로 마주 보고
앉아 도화지에 무엇인가를 열심히 스케치하고 있다. 그들의 눈은
자기 앞에서 텀블링하는 친구들의 몸동작에 집중되어 있다. 그런
데 그것을 보고 그린 그림들은 각양각색이다. 운동하는 모습을 그
대로 묘사하는 것이 아니라 거기에서 떠오르는 이미지를 자유롭게
그리는 것이기 때문이다. 체육과 미술이 만나 전혀 새로운 수업 프
로그램이 된 사례다.

　다른 교실로 가보자. 아이들은 여러 색깔의 찰흙으로 다양한 형
태의 작은 물체들을 만든다. 그리고 그것들을 조금씩 변형시키고
자리를 바꿔가면서 사진을 찍는다. 클레이 애니메이션을 제작하는
중이다. 그렇다면 이것 역시 미술 시간인가? 그렇지 않다. 아이들

이 만들고 있는 물체는 화학 교과서에 나오는 여러 원소들이다. 어떤 물질과 어떤 물질이 결합하면 어떤 물질이 되는가? 화학 시간에 머리에 쥐가 나도록 암기한 내용을 알기 쉬운 그림과 연속 화면으로 재구성하는 것이다. 이러한 과정에서 화학적인 원리는 자연스럽게, 그리고 아주 쉽게 이해되거나 숙지되는 것이다.

과학과 예술이 만나는 예는 또 있다. 물리 과목에서 빛의 성질에 대해 배우는 시간인데, 교사와 함께 수업을 진행하는 이는 사진작가다. 좋은 사진을 찍으려면 빛을 제대로 배제하거나 끌어들이는 것이 핵심 기술로 요구된다. 사진사는 물리학자 못지않게 빛을 잘 알고 다루는 사람일 것이다. 물리 시간에 초대된 사진사는 여러 사진들을 보여 주며 학생들에게 빛이 어떻게 사진에 투영되는지를 설명한다. 그리고 학생들은 조별로 나뉘어 카메라를 가지고 직접 사진을 찍어 본다. 똑같은 대상인데 빛을 어떻게 처리하느냐에 따라 얼마나 다르게 나타나는가를 관찰한다. 그를 통해 물리 책에 나오는 원리를 새롭게 이해할 수 있다.

예술은 자연의 모방이라는 말이 있듯이, 예술에는 자연의 수많은 현상들이 숨어 있다. 소리의 속성에 대해 음악과 물리가 만날 수 있고, 나뭇가지와 잎의 모양을 통해 프랙탈 이론과 디자인을 함께 배울 수 있다. 생태학은 그 자체로 예술이기도 하다. 환경교육은 예술과 행복하게 만날 수 있다. 꽃과 새를 가까이 하면 미적인 감수성이 피어난다. 독일에는 숲 유치원이라는 것이 있는데, 아이들은 하루 종일 숲에서 뛰어놀고 관찰하며 노래하고 그림을 그리는 등의 활동과 학습을 한다. 그렇게 해서 형성되는 마음의 바탕은 플라스틱 장난감과 인터넷 게임으로 놀이 시간을 채우는 아이들의 그것과는 크게 다를 것이다.

사회 과목과 예술이 연결될 수 있는 가능성도 폭넓다. 예를 들어 하나의 교향악단이 어떻게 구성되고 운영되는지를 조직 이론과 리더십에 비추어 살펴볼 수 있다. 경영학자 피터 드러커는 민간단체나 기업들이 오케스트라 조직을 닮아야 한다고 했는데 어떤 점에서 그 특성과 가치를 평가할 수 있을까. 유능한 지휘자는 어떤 능력을 소유했는가. 연주가 진행되는 동안 지휘자와 단원 사이에, 단원들 사이에 그리고 오케스트라와 관객 사이에 커뮤니케이션은 어떻게 이루어지는가. 그리고 연습을 하는 동안 지휘자와 단원들 사이에 벌어지는 상호작용은 어떤 것일까. 이런 문제의식을 가지고 오케스트라 연주 장면을 담은 동영상을 보면서 함께 생각해 볼 수 있다. 여기에서 더 나아가 지휘 자체를 배워 볼 수도 있다. 오케스트라를 꾸리기는 어려울 것이고, 소규모 합창단을 조직해 돌아가면서 지휘를 해보도록 하는 것이다. 단순한 기법이 아니라, 그룹을 이끌어간다는 것이 어떤 것인지를 깨달아가는 데 매우 유용한 체험이 될 것이다.

예술교육은 아니지만 지휘자에 대한 공부와 비슷하게 스포츠에서 감독이나 심판의 역할에 대해 분석하는 것도 생각해 볼 수 있다. 텍스트는 무궁무진하다. 예를 들어 축구 하나만 보더라도 중요한 경기가 열린 다음 날이면 신문마다 감독이 어떤 생각으로 어떤 선수들을 출전시켰는지에 대해 분석하는 기사가 나온다. 그와 같은 경기를 앞두고 체육시간에 이번에 어떤 선수들이 출전할 것인지를 예상하면서 그에 걸맞은 전략을 생각해 보는 것도 흥미로울 것이다. 그리고 경기가 끝나고 감독이 어떤 점에서 잘했고 잘못했는지 되짚어 보면서 리더가 갖추어야 할 능력에 대해 배울 수 있다. 스포츠에서 또 중요한 존재가 심판인데, 체육시간에 심판의 역할에 대해 배우고, 직접 심판이 되어 경기를 운영해 보도록 하는 것은 어떨까. 공정하고 정확하며 신속한 판단을 내린다는 것이 얼마나 중요하면서도 어려운지 배울 수 있는 기회가 될 것이다. 이것 역시 기존의 경기 장면들 가운데 오심 논란이 있었던 부분들을 되짚으면서 분석하는 방식을 곁들이면 더욱 효과적일 것이다.

교사에게 요구되는 것

위에서 언급한 방향에서 예술교육을 실현하기 위해서는 교사들에게 어떤 자질과 능력이 요구될까. 그리고 그것을 배양하기 위해서는 무엇을 해야 할까. 교육 자체가 예술이라는 말이 있듯이 가르침이라는 일에는 심미적인 감수성이 필요하다. 따라서 예술교육을 실천하려는 교사에게 필요한 능력은 교육 전반에 두루 적용될 수 있을 것이다. 이에 대해 에릭슨은 같은 책 『감각의 매혹』에서 다음과 같이 잘 표현하고 있다.

배울 수 있는 것은 오직 과정과 기술뿐이다. 아무리 실력 있는 교사라 할지라도 누군가의 내면에 깃들어 있는 창조의 충동과 의욕을 자유롭게 풀어 줄 수 있는 일밖에는 할 수 없다. 교사 역시 직업 예술가이고, 그렇기 때문에 그 또한 지속적으로 작품 활동을 해야 하며, 창작에 대한 이런 헌신과 열정을 학생들에게 전달해야 한다. 이런 교사라면 때때로 누군가에게 어린 시절의 어떤 순간을 다시 포착하고 싶다는 욕구를 불러일으킬 수 있다. 그 순간이란 생생하게 칠해진 각종 감각적 경험의 실(絲)을 움켜쥘 수 있었던 그런

때다. 그리고 그는 그 실들을 가지고 어떤 유의미한 전체, 즉 새로운 형태를 짤 수 있을 것이다. 이런 성취는 감각에 큰 힘을 부여하게 되는데, 그렇게 되면 어린아이든 어른이든 모두가 자연의 힘과 조화를 이룬 가운데 창조자가 되는 것이다.

예술교육은 마음의 나눔이다. 그러한 경험을 이끌어내기 위해서는 교사에게 충분한 마음의 힘이 필요하다. 그 에너지를 최대화하는 데 가장 걸림돌이 되는 것은 부정적인 감정들이다. 미움, 질투, 두려움, 아집, 눈치, 열등감, 강박관념과 같은 것들이다. 자기 안에 도사리고 있는 그러한 감정들을 직시해야 한다. 그리고 그것을 하나둘씩 극복하고 몰아내는 방안을 찾아야 한다. 명상이나 기도 또는 각종 몸 수련 프로그램의 도움을 받을 수도 있을 것이다. 있는 그대로 투명하게 드러나도 거스름이 없는 마음의 결을 닦는 정진이 거기에서 이루어진다.

마음의 힘을 키우기 위해서 긍정적인 정서를 꾸준히 비축해갈 필요가 있다. 다양한 장르의 예술을 체험하는 것은 큰 도움이 된다. 탁월한 문장가들은 오랫동안 좋은 문장을 꾸준히 읽어왔고 명시(名詩)를 많이 외우고 있다. 뛰어난 작곡가들이 떠올리는 악상(樂想)이나 위대한 화가들이 빚어내는 조형 이면에는 그만큼 풍부한 미적 체험이 깔려 있다. 학생들을 인솔해서 다니는 문화행사만이 아니라 좋아하는 음악회나 전람회도 찾아다니자. 그렇게 하면서 하루에 한 번 이상 황홀한 미적 체험을 하는 것을 목표로 생활을 설계해 보자. 시와 음악을 가까이하면서 감동으로 내면을 충전하자. 전람회나 연주회에 찾아가 생각을 내려놓자. 영화관에 가더라도 영화가 끝나고 자막이 다 올라갈 때까지 계속 앉아서 그 여운을 음미하자. 가파르게 쫓기던 일상과 거기에 얽혀 있는 강박에서 잠시 벗어나 숨을 고르자. 느림에 잠겨 시간의 밀도를 체감하자. 그러한 경험을 통해 우리는 자기 안에 숨어 있는 창조성을 두드릴 수 있다. 저 깊은 곳에서 솟아오르는 감성의 에너지로 마음을 충전할 수 있다. 그 힘이 자연스럽게 아이에게 파급될 때 대화는 부드러워진다. 예술은 그러한 내공을 키워 주는 고도의 정서적 훈련이 될 수 있다.

결국 핵심은 삶에 대한 애정이다. 자기의 창조성에 대한 믿음이다. 누구나 창조성을 어느 정도는 지니고 있다. 다만 너무 미미하거나 또는 파편화되어 힘이 되지 못할 뿐이다. 그것을 결집해가는 노력이 필요하다. 그리고 이를 위해서는 자기와의 대화 시간이 절대적으로 필요하다. 자기와 잘 사귀지 못하는 사람은 타인과의 관계도 원만하지 못하다. 학생들에 대한 불만은 부정적인 자아 개념의 투사(投射)인 경우가 많다. 따라서 긍정적인 자아의 탐색이 절실히 요구된다. 무엇을 만든다거나 글을 쓰는 작업은 그 구심력을 모으는 데 도움이 될 수 있다. 거기에서 우리는 자신의 두뇌가 얼마나 값지고 놀라운 선물인지 새삼 발견한다. 그 오묘함의 자각은 기쁨의 에너지를 생성한다. 자기의 창조성을 깨달아가는 교사는 학생들에게 감춰진 보물을 캐낼 수 있다.

그리고 또 한 가지, 예술교육을 풍부하게 하기 위해서는 다양한 사람들의 능력이 필요하다. 학교 안에 있는 교사의 힘만으로는 학생들의 다양한 학습 욕구를 충족시켜 줄 수 없다. 따라서 학교 바깥에 있는 인적 자원을 연계하는 접근이 요구된다. 예를 들어 서울의 '도시 속 작은학교'라는 대안학교에서는 예전에 아카펠라 수업을 한 적이 있다. 학교 안에 피아노는 물론이고 변변한 악기 하나

갖춰져 있지 않은 여건에서 음악 수업을 하기는 쉽지 않았다. 그런데 그렇게 시설이나 도구가 갖춰져 있지 않은 상황에서 할 수 있는 방안으로 아카펠라를 생각하게 된 것이다. 문제는 강사였다. 이에 교사들은 인터넷에서 아카펠라 동호회와 접촉하였다. 여러 모임을 수소문한 끝에 기꺼이 자원교사로 나서 줄 회원을 찾아냈고 마침내 수업을 할 수 있었다. 한 학기 수업을 마무리하는 발표회에서 학생들은 꽤 수준 높은 연주를 선보였다.

이렇듯 교사에게는 과목의 경계만이 아니라 학교의 울타리를 넘어 널리 네트워크를 맺을 수 있는 마인드가 필요하다. 특히 예술의 경우 학교 안에는 자원이 지극히 제한되어 있기 때문에 더욱 그러한 능력이 요구된다. 다행히 지난 참여정부 때 문화예술교육에 대한 정책이 적극적으로 추진되어 지금은 정부 차원에서 예술가와 학교가 연계하여 수업을 진행할 수 있도록 정보 제공과 예산 지원이 이루어지고 있다. (문화예술진흥교육원 사이트, www.arte.or.kr 참고) 이제는 학교 당국과 교사가 의욕만 있으면 학생들에게 훌륭한 예술교육을 베풀 수 있는 여건이 되었다. 문제는 학생들에게 어떤 프로그램이 적합하고, 그것을 수행할 만한 전문가를 어떻게 발굴하느냐다.

그러한 안목을 키우기 위해서는 평소 다양한 방면의 예술 경험과 인맥을 쌓아가야 한다. 예술에 대한 관심과 취향을 중심으로 교사들이 모임을 꾸리면 어떨까. 공연이나 전시, 영화 등을 관람하고 그에 대한 느낌을 나누는 자리를 정례화하고, 때로 자기 나름의 예술 세계를 개척해가는 장인을 초빙해 대담을 하는 것도 좋은 프로그램이 될 것이다. 그리고 문화예술교육의 다양한 모델을 함께 창안하고, 그것을 현장에서 시행했던 경험들을 피드백하면서 사례를 축적해가는 것도 필요하다. 여기에서 중요한 것은 비좁은 학교 공간의 울타리를 넘어 사회 여러 영역에서 일어나는 창조적인 실험을 접하고, 상상력과 감수성을 신선하게 일깨우는 만남을 지속적으로 갖는 것이다.

chapter 3

부모와 자녀의 대화:
소재와 맥락을 새롭게

소통 부전(不全)의 가족관계

한국의 중학생들이 부모와 대화를 나누는 시간은 하루에 1분이라는 통계가 나온 적이 있다. 세계에서 가장 낮은 수치다. 이 기사를 본 어느 아버지가 자신도 예외가 아니라는 생각이 들어 자녀와의 관계를 개선해야겠다고 결심했다. 그래서 어느 날 중학교에 다니는 아들을 불러 앉혀 놓고 대화를 시작했다. 그런데 안타깝게도 그 대화는 단 세 마디 간단한 문답으로 끝나고 말았다.

아버지가 먼저 물었다. "한국의 부모 자녀 사이에 대화가 너무 없다는 기사를 봤어. 생각해 보니 우리 집도 그런 것 같구나. 그렇지 않니?" 이에 아들이 짤막하게 대답했다. "예." 잠시 침묵이 흐른 뒤 아버지는 또다시 질문을 던졌다. "그러니까 우리도 대화를 좀 더 해야 하지 않겠니?" 또다시 잠시 침묵이 흐른 뒤 아이는 똑같이 "예"라고 대답했다. 아버지는 모처럼 대화를 제안했고 아이도 동의했지만 구체적으로 어떤 이야기를 나누어야 할지 막막했다. 여러 가지로 고심을 했지만 도대체 화제가 떠오르지 않았다. 그래서 궁색하나마 아이에게 또다시 질문을 했다. "아빠한테 뭐할 말 없니?" 이에 또다시 잠시 어색한 침묵이 흐른 뒤에 아이는 똑같이 짧게 대답했다. "예."

서울에서 부산까지 가장 빠르게 가는 방법은? 비행기나 KTX가 아니다. 정답은 애인과 함께 가는 것이다. 아무런 준비를 하지 않고서도 시간 가는 줄 모르게 이야기를 주고받을 수 있는 관계에서 그것은 최상의 놀이다. 위에서 아들과의 대화에 실패한 아버지도 옛 친구들과 술을 한 잔 기울일 때는 대화가 저절로 될 것이다. 그것처럼 쉬운 일이 없을 것이다. 그러나 세상에 대화처럼 어려운 것도 없다. 사사건건 부딪히고 사소한 말꼬리가 큰 다툼이 되어 버리는 관계에서 그것은 너무나 큰 고역이 아닐 수 없다. 그러다가 아예 대화 자체를 단념하고 냉랭한 침묵으로 일관하기도 한다. 겉으로는 아무 일 없이 평온해 보이지만 속으로는 온갖 악(惡)감정을 축적하고 있는 경우가 많다. 불행하게도 한국의 가족관계에서 그러한 마음의 풍경이 종종 엿보인다.

요즘 아이들 가운데 '반응성 애착 장애'를 보이는 경우가 많다고 한다. 그것은 자폐증과 비슷한 증세를 나타내지만, 뇌의 선천적인 결함이 아니라 성장 환경이 원인이라는 점에 차이가 있다. 부모가 우울증에 빠져 있거나 텔레비전에만 몰두하느라 아이와 놀아주지 못하는 경우, 부모가 너무 오래 떨어져 있거나 양육자가 너무 자주 바뀌는 경우 아이는 다른 사람들의 자극에 반응하지 않거나 지나치게 두려워하게 된다. 조기에 발견하면 치료가 가능하지만 너무 오랫동안 방치되면 언어나 행동에서 발달 장애를 드러낸다고 한다.

어떤 주부에게 들은 이야기다. 자기 아파트에 사는 어느 아이가 바로 그러한 반응성 애착 장애를 갖고 있는데, 그 엄마는 프리랜서로 삽화를 그리는 일을 하고 있다. 그런데 그 아이에게서 그러한 증세가 드러나자 아이에게 특수한 치료를 해주기 위해 온갖 병원과 전문가를 찾아다니고, 그 비용을 벌기 위해 일에만 매달린다. 그러다 보니 아이와 놀아 줄 시간이 없다. 아이와 몸을 부대끼면서 교감하고 애정을 쌓아가야 하는데, 거꾸로 관계가 더욱 소원해지는 것이다. 아이에게 가장 필요한 것은 엄마와의 직접적인 소통인데, 엄마는 그 모든 치료를 외부의 전문가 시스템에 맡겨둔 채 자신은 그 비용을 버는 도구적인 역할에 묶여 있다. 누가 봐도 어리석기 짝이 없는 처사다.

그런데 정도의 차이가 있을 뿐 그러한 일은 대다수 가정에서 벌어지고 있다. 사교육비를 충당하기 위해 부모들은 허리가 휜다. 아버지의 수입이 모자라 어머니들도 부업 전선에 나선다. 그렇게 해서 벌어온 돈으로 아이들을 학원에 보낸다. 아이들은 새벽부터 밤늦게까지 학교와 학원을 전전하느라 집에 없고, 부모는 그 뒷바라지를 하느라 밤늦게 귀가한다. 가족들이 오순도순 저녁식사 함께 한번 하기가 어렵다. 그 결과 병적인 수준은 아니지만 경미한 반응성 애착 장애는 한국의 가족들 사이에서 흔히 나타난다. 대다수 가정이 비슷한 상태인 데다, 그러려니 하면서 넘어가기 때문에 문제의식 자체를 느끼지 못할 뿐이다. 예를 들어 부모와 자녀가 집에 함께 있거나 외출을 하는 경우 완전히 남남인 듯 전혀 상호작용이 없는 경우가 허다하다. 집에서도 저마다 휴대폰이나 인터넷, 텔레비전 등 자기만의 세계에 빠져 가족과 전혀 소통하지 않는 모습을 흔히 볼 수 있다.

이런 상황에서 부모들이 교육열을 불태우지만 '교육력(敎育力)'은 점점 쇠퇴한다. 엄청난 교육비를 투자하고 그 비용을 마련하기 위해 온갖 희생을 감수하지만 아이의 삶과 생각에 부모가 직접 끼칠 수 있는 영향력은 줄어드는 것이다. 부모의 경험과 지식으로 아이에게 가르칠 수 있는 것이 없다. 아니 정확하게 말하자면 부모 스스로가 가르칠 수 없다고 생각한다. 언제부터인가 우리 가정에서 가정교육은 사라져 버렸다. 좀더 정확하게 말하자면 한국사회에 교육이 사라져간다. 입시 준비만이 전쟁처럼 치러진다. 그래서 그 기술을 잘 연마시켜 주는 외부의 전문가가 필요하다. 그 비용은 날로 치솟고 그것을 감당하느라 가족 관계는 더욱 소원해진다.

자녀를 이런 무의미한 경쟁에 몰아넣고 싶지 않은 부모들 가운데 경제적인 여유가 있으면 조기 유학을 선택한다. 수많은 가족들이 교육을 위해 기꺼이 생이별을 선택한다. 「워싱턴포스트」에서 2005년 1월에 특집기사로 다루어질 만큼 한국의 기러기 아빠 현상은 세계사적으로 유례가 없는 일이다. 그렇게 쉽게 이산가족이 될 수 있는 배경은 무엇인가. 아버지는 돈만 벌어오면 역할을 다하는 것으로 여겨진다. 함께 살든 따로 살든 그것은 중요하지 않다. 어차피 함께 살아도 그 외에 별다른 역할도 없고, 가족들과 정서적인 관계를 맺고 있지 않기 때문이다. 그런 점에서 보자면 아이를 외국에 보내지 않았어도 기러기 아빠로 살아가는 가정이 얼마나 많은가. 교육을 위해서 올인하지만 정작 그 부모는 교육의 주체가 되지 못하고 가정 안에서 의미 있는 소통과 배움이 일어나지 못하는 것이 한국 가족의 자화상이다.

아이들이 어릴 때는 그나마 어느 정도 소통이 이루어진다. 가족 동반으로 외출 나온 가족들을 보면 자녀가 유치원에서 초등학교 3, 4학년 정도인 경우가 대부분이다. 5, 6학년 아이들이 부모들과 나들이를 하는 모습은 드물고, 중학생 자녀의 동반은 더욱 희소하다. 그리고 고등학생이 부모와 함께 집을 나서는 것은 정말로 특별한 일이다. 이는 단순히 양적인 차원의 문제만이 아니다. 자녀가 초등학교 수준일 때는 부모들이 아이와 어울릴 수 있는 활동과 언어 그리고 감성이 존재한다. 그런데 사춘기에 접어들면 갑자기 사정이 달라진다. 자녀들은 부모와 함께 있는 시간을 지루해하거나 괴로워한다. 사춘기에 접어든 아이는 스스로 마음의 갈피를 잡지 못하고, 부모와의 소통의 길은 자꾸만 뒤틀리고 비좁아지기만 한다. 화성에서 온 아빠, 금성에서 온 엄마, 그 사이에 목성쯤에서 왔을까 싶은 자녀가 자라나면서 가족들 사이의 틈새는 자꾸만 벌어진다. 엄부(嚴父)도 자모(慈母)도 설 자리가 넓지 않아 보인다. 점점 더 많은 부모들이 무력감을 호소한다. 부자 사이의 말문을 열고 모녀 사이의 말길을 트는 것은 가능할까.

아이의 관심사에서 출발하면

사람들은 이야기를 좋아한다. 저 아득한 고대인들의 정신을 가득 채우던 신화의 세계에서, 지금 정보사회에서 끊임없이 쏟아지는 영화나 애니메이션에 이르기까지 '스토리'는 언제나 사람들을 매료시킨다. 텔레비전 인기 드라마는 수많은 시청자들의 눈과 귀를 쫑긋 세우게 한다. 아이들은 특히 이야기를 좋아한다. 그래서 어린 시절 할머니에게 옛날이야기를 해달라고 졸라대고, 자라나면서 끊임없이 친구들과 메시지를 주고받는다. 그런데 이제 부모는 말 상대에서 점점 제외된다. 왜 그럴까? 이유는 간단하다. 재미있게 들어주지 않기 때문이다. 그리고 간섭하고 개입하려는 의도로 질문을 해올 뿐, 자기의 생각과 경험에 대해서는 순수한 호기심을 보이지 않기 때문이다. 바로 그 점이 절친한 친구와 다르다.

한국의 부모들은 대개 아이의 삶에 별로 관심이 없다. 아이의 관심에 집중하지 않는다. 이미 정해 놓은 목표를 부과하면서 그 기준으로 현재를 재단하기 때문이다. 다행히(?) 아이의 관심사가 오로지 공부여서 학교 공부와 대학입시 준비에만 힘을 쏟는다면 부모로서 걱정할 것이 없을 것이다. 하지만 정말로 다행스럽게도, 대부분의 아이들은 그렇지 않다. 그들의 마음에는 언제나 변화무쌍한 욕망과 호기심이 꿈틀거린다. 그것은 독특한 재능으로 수렴될 수 있지만 지리멸렬한 유희와 일탈로 끝날 수도 있다. 부모의 눈에 전자의 가능성은 잘 포착되지 않고, 후자의 비극적 시나리오만 클로즈업된다. 그래서 공부와 관계없다고 여겨지는 일들은 점점 감시와 규제의 대상이 된다.

이런 책을 쓰고 있는 나 역시도 아이가 빈둥거리거나 책상에 앉아서 낙서 같은 것을 하는 모습을 보면 걱정이 앞선다. 그것은 앞뒤를 따져서 나오는 생각이 아니라 즉흥적으로 일어나는 감정의 반응이다. 공부에 대한 편견과 막연한 집착은 정말로 깊은 무의식에 뿌리를 내리고 있는 듯하다. 그 근원을 정확하게 알 수는 없지만 그것은 내 안에서 작동하고 있는 판단의 준거다. 그것에 끌려가는가 아니면 멈춰 서서 다시 생각해 보는가는 나의 성찰과 의지에 달려 있다. 무엇이 문제인가. 학과 공부를 하거나 차분하게 독서하는 것 이외의 행위에 대해서는 의미를 부여하려 하지 않는 것이다. 그 결과 대화의 접점을 찾지 못할 뿐 아니라 그 아이에게 적합한 공부의 방식을 개발하지 못한다.

딴짓거리처럼 보이는 행위를 조금 깊이 응시해 보라. 거기에서 학습의 동기를 이끌어내 넓은 공부로 나아가게 할 수 있는 실마리는 없는가. 나는 어느 날 아이가 책상에 앉아서 고개를 숙인 채 무언가를 골똘히 들여다보는 모습을 보게 되었다. 가서 보니 망원경을 뒤집어 현미경으로 삼아 자기 손에서 떨어져 나온 살점을 자세히 살펴보고 있었다. 나의 즉흥적인 반응은 '공부는 안 하고 웬 딴 짓이냐'는 것이었다. 그러나 관성적인 판단을 중지하고 한 번 더 생각해 보았다. 이거야말로 이 아이에겐 진짜 공부가 아닌가. 이런 초보적인 깨달음도 실제 상황에서는 잘 얻어지지 않는다. 거듭되는 반성과 의식적인 노력으로 새로운 패러다임은 내재화될 수 있다. 나는 아이와 함께 살점을 자세히 들여다보면서 많은 것을 함께 이야기했다. 그러다 보니 아이가 과학 시간에 배운 것과도 연결되는 내용임을 알게 되었다.

비슷한 예를 하나 더 들어보자. 나의 큰딸은 심심하거나 공부가 지겨워지면 그림을 그리는데, 가만히 보니 모두 패션 디자인이다. 그 또래 아이들이 다들 가지고 있는 외모에 대한 통속적 관심의 표출일 수 있을 것이다. 그러나 그 이면에 더 깊은 앎에 대한 욕구가 깔려 있을지도 모른다. 아직 없다면 자극하여 일깨울 수도 있을 것이다. '패션'이라는 것은 그 자체로 방대한 문명과 문화의 소산이다. 복식사(服飾史)를 들여다보면 거기에는 생태적 조건과 몸의 상관관계, 직물 재료의 공학과 염색 기술, 문화적 관습과 상징체계, 사회 집단의 길항 관계와 권력 등의 문제가 다 포함되어 있다.

나는 패션이라는 것을 중심으로 하여 아이의 관심사가 확대되고 심화될 수 있도록 유도하고 싶었다. 그래서 20세기 여성 패션의 혁명을 일으킨 디자이너 코코 샤넬에 대해 조사해 이야기해 주었고, 학교에서 배운 국사 교과서에서 의복에 관련된 부분을 다시 훑어보도록 했다. 텔레비전 사극에 나오는 복장들을 눈여겨보면서 관련 자료를 찾아보는 작업도 병행되었다. 그리고 장애인이나 노인만을 위한 패션 디자인 세계가 있음을 알려 주면서 그런 소수자들에게 어떤 배려가 필요한지 생각해 보도록 했다. 이런 작업들은 결국 여름방학 탐구 과제의 주제가 되었다.

연예인들에게 빠져 있는 경우라면 어떻게 접근할까. 동방신기의 공연장에 다녀온 딸들과 이런 이야기를 나눈 적이 있다. 암표 장사들은 어떻게 돈을 버는가? 암표를 금지시키는 까닭은 누구의 피해를 막기 위해서인가? 공연장에서 안전사고의 우려는 없는가? 그에 대비해 어떤 조치들이 취해지고 있으며 부족한 점은 무엇인가? 팬클럽은 어떤 식으로 조직되어 있고, 가수들에게 어떤 도움이 되는가? 기획사의 역할은 무엇이고 가수들은 왜 기획사를 끼고 활동하는가? 그날 공연의 총 수익을 예상해 본다면? 물론 이런 주제를 처음부터 설정한 것은 아니다. 그냥 아이들의 이야기를 들으면서 이것저것 질문하다 보면 그런 주제가 도출된다. 아무리 하찮고 시시한 경험이라도 찬찬히 들여다보면 대화의 소재가 넝쿨처럼 쏟아진다. 그를 통해 세상사의 많은 것을 함께 배울 수 있다.

스포츠도 좋은 텍스트다. 2002년 월드컵을 계기로 아이들이 부쩍 축구에 관심이 높아졌다. 국가대표팀 경기가 벌어지면 밤잠을 설쳐가며 시청하고 때로 경기장에 직접 관람을 하러 가기도 한다. 그런데 축구는 단순한 스포츠지만 그 안에는 전략이 숨어 있다. 아이들은 대개 그런 것을 잘 모르고 그냥 골인 장면만 기다린다. '아는 만큼 보이고, 보이는 만큼 느낀다'는 말은 스포츠에도 그대로 통한다. 축구 경기에서 포지션별 역할, 포백과 쓰리백의 차이, 경기력을 좌우하는 요소들, 감독의 자질과 임무 등에 대해 알려 준 후에 경기를 관람하도록 하면 재미가 배가된다. 그리고 박지성 같은 스타 플레이어들의 탁월함이나 그들이 세계적인 수준에 오르기까지의 인생 드라마를 들려주면 어떨까. 아버지들은 동료들끼리만 이야기하지 말고 아이들에게도 알려 주자. 지식이 부족하면 신문이나 인터넷을 뒤져 보자. 유용한 정보를 많이 얻을 수 있다. 한국이 경기에서 패했을 경우 애석해하지만 말고 그 패인을 따져 보자. 이 역시 그 다음 날 신문에 친절하게 해설되어 있다. 관련 사이트나 카페에 올라오는 축구 마니아들의 분석도 꽤 수준이 높다. 스포츠는 그 국가의 제반 역량을 모두 집결시켜 겨루는 게임이다. 그를 통해 전략적 사고와 팀워크, 그리고 리더십 등에 대해 실질적으로 공부할 수 있다.

물론 자녀의 모든 흥미가 이렇듯 지적인 관심사로 이어질 수 있는 것은 아니다. 포르노 탐닉이나 폭력 숭배 또는 음주와 흡연 등의 습성에서 학습의 동기를 이끌어낸다는 것은 불가능하고 또한 어불성설일 것이다. 그렇다면 아이가 컴퓨터 게임이나 연예인, 텔레비전, 만화 또는 핸드폰 통화 등에 빠져 있는 경우는 어떨까. 여기에서 잘 분별해야 할 것이 있다. 여기에서 문제가 되는 것은 건강, 학업, 인간관계 등에 심각한 영향을 줄 정도로 몰두하는 것이지, 관심 그 자체는 아니다. 이 점을 혼동하는 경우가 많다. 생활의 균형은 회복해야 한다. 즉 관심과 거기에서 획득되는 재미 자체를 부정하고 척결하려 해서는 안 된다는 말이다. 자칫 무리하게 금지시키려 할수록 오히려 반작용이 커질 수 있다. 우선 자녀의 관심과 재미를 인정하라. 그러나 부모가 그것을 인정한다는 것과 자녀가 마음 내키는 대로 해도 된다는 것은 분명히 다르다는 것을 인식시킨다. 그리고 그 관심과 재미에 대해 스스로 생각하고 부모에게 설명하도록 한다.

구체적인 질문, 세밀한 공감

텔레비전의 토크쇼 프로그램을 보면 연예인들이 나와서 온갖 수다를 떤다. 들어보면 별 내용도 아니다. 시시한 경험이나 생각과 느낌들을 되는 대로 늘어놓는 잡담 수준이다. 그런데도 단지 스타라는 이유만으로 관심을 끈다. 그래서 무슨 이야기를 해도 재미있는 것이다. 하지만 그것보다 훨씬 재미있는 것은 자기가 발신자(發信者)가 되어 보는 경험이다. 스스로 스토리텔러가 되어 사람들에게 이야기를 들려주는 즐거움이야말로 사람과 사람이 어울려 살아가면서 얻게 되는 최대의 선물이 아니겠는가. 반대로 아무도 내 이야기에 귀를 기울이지 않는 상황은 서글프다.

자녀와 즐겁게 대화할 수 있는 방법으로 그들을 토크쇼의 주인공처럼 대우해 보는 건 어떨까. 다른 사람들이 자기의 이야기를 듣고 싶어 한다면 누구나 자신이 존중받고 있다는 느낌을 갖게 된다. 여기에서 중요한 것은 질문의 내용과 방식이다. 성의 있게 그리고 구체적으로 질문해야 한다. 그러기 위해서는 자녀의 생활과 경험세계를 면밀히 주시해야 한다. 감시의 눈초리가 아니라 애정어린 관심으로 그의 삶을 탐사하는 것이다. 저녁식사를 하면서 모처럼 대화를 좀 해야겠다는 생각이 드는데 마땅히 할 말이 없을 때, 자녀가 최근에 겪은 일들을 스캐닝해 보자. 어떤 의견을 묻는 방식은 자칫 대화를 무겁게 만들 수 있다. 그러나 어떤 사실에서 출발하는 것은 홀가분하게 말문을 열게 한다.

나의 경우를 예로 들면, 첫째딸이 어느 날 갑자기 배가 아파 응급실에 다녀온 일이 있었는데, 나는 아이가 거기에서 보고 겪은 것을 자세히 물어 보았다. 난생 처음으로 응급실에 가본 아이로서는 모든 것이 색다르고 신기하게 보였을 것이다. 아이의 눈에 비친 응급실 상황을 마치 수사관이 사건을 재구성하듯이 시시콜콜 물어보는 것은 그다지 어려운 일이 아니다. 아이로서도 그냥 스쳐지나갔을 수 있는 경험을 정밀 묘사하는 것이 즐거운 눈빛이었다. 그렇게 이야기를 나누다 보니 당시 진찰을 받으면서 가졌던 느낌, 의사와 간호사의 역할 분담이나 진료 시스템 등에 대해 자연스럽게 질문하고 의견을 교환하는 데까지 이르렀다. 이런 식으로 하찮게 넘길 수 있는 일들이 흥미진진한 대화의 소재가 될 수 있다. 영화를 보고 온 아이에게 그 줄거리를 상세히 묘사하도록 하고 자초지종을 물어 보면 어떨까.

이러한 대화에서 핵심은 공감(共感, empathy)이다. 상대방의 경험을 듣는다는 것은 그냥 객관적인 사실들만을 딱딱하게 접수하는 것이 아니다. 인간의 경험에는 반드시 느낌이 함께 배어들게 마련이다. 그 뉘앙스와 결의 자초지종을 따라가면서 자신의 감정을 이입하는 능력이 바로 공감 능력이고, 정서지수(EQ)란 바로 이런 것이다. 그것이 얼마만큼 가동되느냐가 대화의 밀도와 즐거움을 좌우한다. 이것은 부모 자녀 사이에 많이 결핍된 부분이기도 하다. 예를 들어 아이가 어떤 글을 써서 당신에게 보여 주었다고 하자. 당신의 피드백은 주로 무엇인가? 맞춤법이 틀린 부분부터 지적하지 않는가? 국어시험에서 늘 그것을 중요하게 평가하기 때문이리라. 그러나 아이의 입장에서 생각해 보면 아이는 나름대로 말하고자 하는 바가 있어서 글을 썼는데, 읽는 사람이 그 내용은 뒷전이고 꼬투리부터 잡는 격이다. 그렇게 되면 소통의 의지가 꺾이게 마련이다. 우선 그 기분에 동참하라. 아이가 절실하게 피력하고자 하는 그 무엇에 온전히 몰입하라.

아이가 자신의 감정 상태를 스스로 설명하도록 하는 것도 좋은 대화 방법이다. 친구와 갈등이 생겨 고민하는 아이에게 '웬만하면 화해하라'든지 '적당히 정리하고 공부에나 신경 써라'는 식으로 영양가 없는 조언은 건네지 말자. 그 갈등 상황에서 겪는 감정들을 차분히 이야기할 수 있도록 말벗이 되어 주자. EQ란 자기의 느낌을 스스로 잘 인식하고 객관적으로 표현하는 능력이다. 분노의 감정에 휩쓸려 감정을 폭발하는 것과 화가 난 감정을 알려 주는 것은 전혀 다르다. 전자는 누구나 자연스럽게 표출하는 것이지만 후자는 고도의 자제력과 성찰력이 필요하다. 전자는 상대방의 감정을 자극하지만 후자는 이성적으로 생각하게 만든다. 최근에 교육이나 경영에서 강조되는 소통의 기술(social skill)에서 후자의 능력이 클로즈업되는 까닭은 바로 여기에 있다. 현재 학교교육에서는 함양되기 어려운 이 같은 기술을 가정에서 서서히 익혀 가면 어떨까. 부모도 더불어 수련한다는 자세로 임해야 할 것이다.

이렇듯 자신의 경험이나 느낌을 중심으로 이야기를 한다는 것은 쉬운 일이면서도 대단히 높은 수준의 지성을 요구하거나 촉발한다. 사고 능력이나 토론 역량도 그러한 토대 위에서 훨씬 튼실하게 구축될 수 있다. 정말로 깊은 지성은 자기 안에서 세상을 만나는 경험에서 비롯된다. 그리고 감정을 사유의 대상으로 객관화할 수 있다면 상당한 수준의 인식에 올라서 있다고 할 수 있다. 삶을 매개로 대화한다는 것은 그토록 심오한 의의를 내포하고 있다. 그러한 대화에서 부모에게 요구되는 것은 질문을 적절하게 던지는 능력이다. 그를 위해서는 잘 경청할 줄 알아야 한다. 대화에서 경청이 얼마나 중요한지는 많은 사람들이 강조해온 바다. '적극적 청취(active listening)'라는 개념이 있듯이, 듣는다는 것은 결코 그냥 수동적으로 정보를 수신하는 것이 아니다. 상대방의 발화(發話)를 적극적으로 북돋고 그가 말하고자 하는 바 의미의 흐름이 유연하게 이어지도록 유도해야 한다. 마치 판소리에서 고수의 역할처럼 장단으로 호흡을 맞춰 주고 맞장구쳐 주면서 분위기를 띄우는 것이다. 대화에 집중하는 태도와 표정, 그리고 적절한 타이밍과 질문이 핵심이다.

대화에서 구체성은 매우 중요하다. 상투적이고 애매한 질문은 대화를 진부하게 만든다. 어른들끼리도 마찬가지다. "어떻게 지내세요?"보다는 "얼마 전 시작한 테니스 잘 되세요?" "최근에 좋은 영화 본 것 있나요?" "전에 사모님 편찮으시다 하셨는데, 이제 괜찮으세요?" 등의 질문을 받을 때 대화에 보다 활력이 붙는다. 인간관계란 타인에 대한 관심으로 매개되는 것으로, 그 관심은 구체적일수록 깊어진다. 부모 자녀 사이에도 마찬가지다. 모처럼 자녀와 둘러앉은 자리에서 "요즘 학교생활 어때?" "공부는 잘 되니?"라는 식의 뻔한 질문은 재미없다. 캠프에 다녀온 아이에게 "재미있었어?"라는 성의 없는 질문을 던지면 대화는 일문일답으로 종결된다.

화술이나 화법의 문제가 아니다. 상대방의 내면에 주파수를 맞추면 신선하게 말문을 열 수 있다. 자녀에게 건네는 질문을 바꿔 보자. "오늘 수업에서 들었던 이야기 가운데 가장 재미있었던 것 하나만 들려 줄래?" "작년 캠프 때는 시설이 엉망이어서 고생이었는데, 이번에는 괜찮았니?" 이런 정도만 되어도 말길은 역동적으로 이어진다. 대화의 초점이 잡히면서 마음의 에너지가 집중된다.

창의성과 소통 능력이 점차 중요해지는 시대다. 대화를 통해 사유의 즐거움을 키워 보자. 삶과 사물에 대한 구체적인 관심, 존재의 여백을 탐색하는 질문으로 배움의 기쁨을 만끽하자.

아이가 부모에게 이야기할 수 있는 콘텐츠는 경험이나 생각, 느낌만이 아니다. 경우에 따라서는 그런 이야기는 자칫 무거워질 수 있고, 몇 마디 하고 나면 더 이상 할 말이 없어서 어색해질 수도 있다. 처음 말문을 어떻게 여느냐가 관건이다. 그 실마리가 마땅히 떠오르지 않으면 아이가 읽고 있는 책이나 학교에서 배운 지식을 이야기하도록 하는 것도 좋은 방법이다. 자기가 가장 흥미로웠던 것을 설명하는 것이다. 자기가 배운 내용을 다른 사람에게 가르쳐 주는 것만큼 확실한 학습이 없다.

그런데 여기에서 중요한 것은 아이가 무슨 검사를 받듯이 발표하도록 만들면 안 된다는 점이다. 자녀에게서 배운다는 자세가 핵심이다. 부모가 억지로 그런 태도를 취하라는 말이 아니다. 실제로 부모들은 자녀의 배움에 흥미롭게 동참할 수 있다. 그만큼 요즘 아이들의 학습 수준이 높기 때문이다. 초등학교 5학년 정도만 되어도 접하는 지식과 정보의 수준이 만만치 않다. 중학교 학생들이 학교에서 공부하는 교과서나 교사에게 추천받아 읽는 책들은 대학을 졸업한 어른이라도 곱씹어 보거나 새롭게 익힐 수 있는 내용들로 가득하다. 인문사회과학을 전공하고 대학에서 가르치는 나조차도 중학교 교과서에서 새삼 배우는 것들이 많다. 그동안 교과과정이 몇 차례 바뀌고 사고력과 논술이 강조되면서 점점 광범위한 독서가 요구되는데, 기성세대는 그 나이에 그만한 부피의 교양을 접하기 어려웠다. 이제는 중학교 1학년부터 제2외국어를 배우기 시작한다. 부모도 그런 과목을 똑같이 시작하면서 자녀에게 가르쳐 달라고 하면 어떨까. 부모들에게는 뒤늦게나마 자녀와 함께 부족한 공부를 보충할 수 있는 기회가 될 수도 있다.

아이에게서 또는 아이와 함께 배우자. 아이가 책에서 감동받은 것이나 인상 깊게 읽은 것을 말하게 하라. 그리고 그에 대해 겸허한 마음으로 피드백하라. 경우에 따라서는 부모가 읽고 싶은데 시간이 없어서 읽지 못하는 책을 건네주면서 중요한 내용을 뽑아 요약해 달라고 부탁할 수도 있다. 또는 자신이 씨름하는 어떤 과제를 알려 주면서 함께 연구해 보자고 제안할 수도 있다. 물론 부모가 이미 알고 있는 내용을 아이는 눈을 반짝이며 이야기하는 경우도 있다. 그러나 그 경우에 '아빠는 이미 그런 거 다 알고 있어'라고 하면서 김을 빼서는 안 된다. 마치 처음 듣는다는 듯 눈에 불을 켜야 한다.

부모가 그런 태도로 변화할 때 자녀에게 질문하는 말투와 뉘앙스가 달라진다. 이것은 매우 중요하다. 아이가 어떤 책을 얼마만큼 읽었는지, 다음에는 무슨 책을 읽을 계획인지 물어 볼 때, 성과를 체크하는 권력자가 아니라 그 내용이 정말로 궁금하고 그 아이의 생각을 듣고 싶어 하는 친구의 목소리가 나오는 것이다. 조금 과장하자면, 기자가 고매한 작가나 학자를 찾아가 인터뷰하면서 요즘 읽고 계신 책이 무엇인지, 다음 작품 구상은 어떻게 되는지 여쭐 때의 분위기를 생각해 보면 된다. 거기에는 위대한 지성에 대한 경외심이 깔려 있다.

당신도 자녀의 지적 세계를 그런 식으로 동경해 보라. 그들의 마음속에 펼쳐지는 생각과 느낌은 어른들의 판에 박힌 틀에 얽매이지 않는다. 그들과의 대화는 당신의 경직된 두뇌를 유연하게 풀어내는 시간일 수 있다. 자녀를 배움의 벗으로 만날 수 있다면 그 이상의 행복이 있을까. 아이의 입장에서도 지식을 나누면서 업그레이드하는 즐거움, 그리고 자기의 두뇌가 누군가에게 도움을 줄 수 있음을 체험하면서 지적인 동기가 쇄신될 수 있다. 교양인으로서 풍부한 지성의 양식을 만끽하면서도 현실적 요구에 지혜를 적용할 수 있는 마인드가 함양될 수 있다. 21세기는 그런 폭넓고 깊이 있는 사유와 실질적인 문제 해결 능력을 동시에 요구한다. 부모는 자녀의 그러한 역량을 이끌어내면서 더불어 성장하는 학우가 될 수 있다.

아이들을 어른의 세계로 초대하기

「어른들은 몰라요」, 1990년대 초에 영화로 나와 지금은 어느 텔레비전 방송의 고정 다큐멘터리 프로그램 제목으로 쓰이는 말이다. 그리고 이제는 세대간의 단절을 상징하는 표현으로 자주 인용되고 있다. 그것은 어른들이 알 수 없는 아이들 특유의 세계를 인정해 달라는 요청일 수도 있고, 당신들은 모르니까 아예 말을 걸지 말라며 대화의 창을 닫아 버리는 거부일 수도 있다. 아무튼 어른들은 아이들의 세계를 잘 알지 못한다. 행동과 태도를 이해하지 못하고 그들의 고민에 공감하기 어렵다. 그러한 괴리는 지금처럼 정보 미디어와 문화적 환경이 급변하는 상황에서는 점점 더 커질 수밖에 없다.

그러나 그 반대의 경우는 어떤가? 아이들은 어른들을 잘 아는가? 어른들이 아이를 모르는 만큼, 아니 그 이상으로 아이들은 어른들의 세계에 대해 무지하지 않은가? 그도 그럴 수밖에 없는 것이 어른들은 어쨌든 자기의 과거에 비춰 청소년들을 부분적으로 추체험할 수 있지만 아이들에게는 그러한 준거가 없기 때문이다.

그리고 아이들은 별로 어른들을 이해할 필요를 느끼지 못하고, 그에 대해 아무도 문제의식을 갖고 있지도 않다. 아이들은 점점 어른들에게 무관심해진다. 가까이하기엔 너무 다른 세계에 살고 있다고 여기는 듯하다. 한국에서 어른들은 아이들에게 점점 매력을 잃고 있다. 아이들은 자신들만의 코드를 배타적으로 창출하면서 문화의 똬리를 튼다. 세대간 단절은 갈수록 깊어진다.

앞서 자녀의 경험에서 대화의 실마리를 풀어 보자고 제안했는데, 부모의 경험도 그 이상으로 흥미로운 소재가 될 수 있다. 단조로운 학교생활에 얽매여 있는 아이보다 어른은 아무래도 경험의 폭이 넓기 때문이다. 예를 들어 나는 지하철에 가방을 놓고 내렸다가 찾게 된 경험을 아이들에게 재미있게 이야기해 준 적이 있다. 이런 경험은 단순히 재미의 수준을 넘어 위기 상황에서 문제 해결의 지혜를 찾는 사고력으로까지 연결될 수 있다고 생각한다.

나의 경험은 단순했다. 가방을 선반 위에 올려놓은 채 책을 읽다가 서둘러 내린 직후에 그 사실을 알았다. 그 지하철은 순환선이라다시 그 역으로 오게 되어 있다. 나는 내가 내린 위치를 바닥에 쓰여 있는 출입구 번호로 확인한 다음, 그 열차가 떠난 시각을 메모했다. 그런 다음 사무실로 올라가 열차가 언제 다시 그 역으로 들어오는지를 확인했다. 볼일을 다 보고 나서 그 시간에 정확하게 그위치에서 승차하여 가방을 찾았다. 어른들로서는 상식적인 수습이지만 초등학교와 중학교에 다니는 딸들의 경험 수준에서는 그 정도의 두뇌 회전이 순발력 있게 이루어지기 어렵다. 나는 당시의 상황을 문제로 던져 주고 너희들 같으면 어떻게 하겠느냐며 퀴즈식으로 풀어갔다.

또 한 가지 예로 구청에 민원을 넣은 경험을 이야기한 적도 있다. 동네에 상업광고 현수막이 너무 많이 붙어 있어서 딸과 함께 날을 잡아 손수 철거한 다음, 구청 홈페이지 민원 게시판에 들어가서 단속과 철거가 어떻게 이루어지고 있는지 문의했다. 그랬더니 그 다음 날 아침에 바로 담당 직원에게서 직접 전화가 왔다. 사과를 하면서 우리 동네부터 우선 철거하겠노라고, 그리고 앞으로 또 현수막이 나붙으면 바로 연락을 달라면서 전화번호와 이름을 남겼다. 홈페이지에 올린 글을 삭제해 달라는 부탁도 넌지시 해왔다. 그렇게 즉각적으로 반응이 올 줄은 예상하지 못했다. 저녁 때 나는 그 상황을 화제로 꺼냈다. 그렇듯 신속한 회답이 온 것은 지방자치 제도의 효력인가 아니면 인터넷의 위력인가. 그 공무원은 책임감이 강한 것일까, 아니면 윗사람의 눈치 보기에 급급한 것일까. 민원이라는 것이 무엇이고 그 형식으로 해결되기 쉬운 문제와 어려운 문제로 어떤 것들이 있을까 등에 대해 토론했다.

그런데 지방자치라고 할 때 구 단위의 행정 수준으로는 초등학생 단계에서는 접근하기 어려울 수 있다. 그 경우 범위를 좁혀서 동네의 생활자치로 눈을 돌리면 적절한 과제가 포착될 수 있다. 나는 작은딸이 5학년 때 학교 방학 숙제의 탐구 과제로 아파트 경비원의 업무를 조사하도록 해보았다. 아파트마다 경비원들이 배치되어 있지만 그들이 하는 일에 대해서는 별로 관심이 없다. 나는 딸아이와 함께 간단한 설문을 짠 다음 아저씨들을 찾아다니면서 인터뷰를 해오도록 했다. 하루의 근무 시간, 가장 힘든 일과 보람 있는 일, 주민에게 바라는 점 등 지극히 평범한 내용이었다. 이 과제에서 중요한 것은 그 내용보다도, 낯선 아저씨들에게 가서 말을 걸고 이야기를 들어보는 경험이었다. '무의미한 타자'의 삶이 자신의 생활과 어떻게 연결되어 있는가를 그의 생생한 증언으로 들어

봄으로써 관심을 확장하면 무엇이 새롭게 보이는가를 깨닫는 기회가 되길 원했다. 아이는 그 결과를 정리해 학교에 제출했고, 마을 회보에 기고까지 함으로써 생각지 않은 보람을 얻을 수 있었다. 사실 그 내용은 일반 주민들에게도 의미 있는 것이었다.

부모가 몸담고 있는 직업세계로 들어가 그 안에서 이루어지는 일들을 알려 주는 것도 흥미로울 수 있다. 어떤 일을 계획하고 진행하는 요령, 그 성패를 좌우하는 요인들, 목표한 바를 성취했을 때의 보람 등을 아이의 이해 수준에 맞춰서 설명해 줄 수 있다. 이렇듯 생각을 조금만 기울이면 의외로 이야깃거리는 엄청나게 많아진다. 조금 심각한 것도 무방하다. 어른의 세계를 아이들이 과연 이해할 수 있을까? 그렇게 생각하지 말자. 요즘 아이들은 문화적으로 조숙하다. 나는 나의 개인적인 고민을 거의 다 아이에게 털어놓는다. 일을 하면서 겪는 인간관계의 갈등 같은 것을 꺼낼 때도 있다. 또한 내 주변에서 일어나는 불행한 일들을 그대로 소개하기도 한다. 예를 들어 나의 가까운 친구가 직장에서 부정 사건에 연루되어 구속된 적이 있는데, 구치소에 있는 그 친구를 면회하러 가기 전날 아이들을 불러 앉혀 놓고 말을 꺼냈다. '아빠의 오랜 친구가 이러이러한 일로 감옥에 들어갔는데, 내일 면회를 간다. 그런데 만나서 무슨 말을 해야 할지 모르겠다. 혹시 떠오르는 생각이 있으면 말해 달라', 대충 그런 내용이었다.

이렇다 할 만한 조언을 얻은 것은 아니다. 그런 기대나 목적도 없었다. 다만 나의 심경을 정서적으로 공감하는 것만으로도 의미가 있었다. 그리고 아이들 입장에서는 아빠의 고민을 자기들에게 솔직하게 털어놓는 것에서 마음을 열 수 있으며, 더 나아가 그런 '상담'을 의뢰받는 데서 어른으로 대접받는 자존감을 얻을 수 있다. 그리고 한결 '높은' 수준에서 인생을 대리 경험하면서 세상과의 접면을 넓혀갈 수 있으리라. 사실 어른들이 갖는 고민의 상당 부분은 아이들도 쉽게 이해할 수 있다. 잘 풀리지 않는 사업, 이웃집 아줌마와의 불화, 늙어간다는 것에 대한 불안 등, 이 모든 체험과 느낌에 자녀들을 초대해 보자. 그런 대화를 통해 아이는 부모를 한결 폭넓게 이해할 수 있을 것이다.

강의실에서 만난 어느 대학생의 리포트에 이런 이야기가 있었다. 그 학생은 사춘기 때 아버지에게 불만이 많았다. 집에 들어오면 언제나 어두운 낯빛에 무뚝뚝한 분위기가 싫었다. 아버지의 직업은 식당에 채소를 납품하는 일이었다. 그런데 대학에 들어간 뒤 어느 날 아버지가 팔을 다치는 바람에 어쩔 수 없이 한 달 정도 자신이 아버지를 대신해 일을 해야 했다. 그 과정에서 그는 아버지가 그 일을 얼마나 힘들게 하셨는지 알게 되었다고 했다. 육체적으로 고된 것은 익히 짐작하고 있었지만 전혀 생각하지 못했던 것은 식당들이 채소 값을 잔뜩 외상으로 달아놓고 돈을 제대로 주지 않는 행태였다. 아버지가 그 때문에 얼마나 마음고생이 심하셨을까. 집에 돌아와서 식구들에게 냉랭하게 대하신 데는 그런 말 못할 사정이 있었구나 하면서 뒤늦게 아버지를 이해할 수 있게 되었다는 것이다.

남자들은 바깥에서 겪은 힘든 일을 집에 와서 가족들에게 이야기하지 않는다. 가정에서 그 골치 아픈 것들을 떠올리고 싶지 않아서 그럴 것이다. 그런데 그러려면 마음까지 완전히 비우고 상쾌한 기분으로 식구를 대해야 할 것이다. 그러나 그것이 쉽지는 않다. 속상하고 울적한 감정을 술자리의 푸념으로만 분출하지 말고 가족들에게도 담담히 털어놓을 수 있다면 우선 본인을 위해서 좋을 수 있다. 뿐만 아니라 자녀들이 그를 통해 아버지를 이해하고, 더 나아가 직장생활이나 생존 경쟁이 얼마나 고된 것인지 배우는 기회가 될 수 있을 것이다. 거기서 한 걸음 더 나아가 자녀를 직장에 한번쯤 데려가 보는 것도 좋을 것 같다. 사실 아버지나 어머니가 일하는 모습을 직접 볼 수 있는 아이들은 많지 않다. 학교가 가끔 학교장 재량으로 휴업을 하는데, 그런 날을 이용해 하루 종일 직장에 머물면서 부모의 사회 생활을 참관하는 것은 부모에 대한 이해는 물론 세상을 배워가는 데도 큰 도움이 될 것이다.

청소년들이 어른들의 삶을 모른다는 것은 곧 자신의 미래를 설계하는 데 결정적인 공백이 존재한다는 걸 의미한다. 아이들이 어른들에 대해 관심을 갖고 이해하는 것은 그 관계를 위해서, 그리고 청소년들 자신의 인생을 위해서 긴요한 과제라고 할 수 있다. 불행하게도 근대화 과정에서 일터와 배움터와 삶터가 제각각 분리되면서 어른들의 생업 활동은 아이들의 시야에서 멀어졌다. 그리고 교과서를 통해 배우는 사회의 제반 상황과 모습은 추상화되었다. 그런 점에서 아버지의 경험과 가르침은 편중된 교육으로 결핍된 삶의 리얼리티를 체험적으로 알려 줄 수 있을 것이다. 그 점에서 학교 이외의 세상 물정에는 눈이 어두운 교사들보다 생업의 현장에서 뛰는 아버지들은 좋은 교사가 될 수 있다. 학교교육의 부족한 부분을 경험으로 보완하는 것이다.

여기서 덧붙이고 싶은 것은 대화에서 사용되는 언어의 문제다. 나는 아이들에게 이야기할 때 언어의 수위를 애써 낮추지 않는다. 중학생 정도 이상이면 웬만한 말은 알아들을 수 있기 때문이기도 하지만 좀 어려운 개념이나 표현이라 할지라도 개의치 않고 사용한다. 대학 강의에서 구사하는 언어 수준에서, 학문적인 개념이나 전문 지식을 빼놓는 정도다. 나이나 학력의 차이를 의식하지 않고 말하는 것이 편하기 때문이기도 하지만 아이들의 입장에서도 친구들끼리 나누는 것과는 다른 차원의 대화 세계를 경험할 수 있어 솔깃한 반응을 보인다. 거기에서 유발되는 긴장은 아이들의 생각하는 힘을 키우는 데도 도움이 된다고 본다. 자기의 어휘와 사고 능력을 넘어서는 말을 들을 때 질문거리가 생기고, 그 과정에서 자연스럽게 새로운 단어와 숙어를 익히게 된다. 언어학이나 교육학의 연구 결과를 봐도 유아 단계에서도 아이들의 언어 발달을 위해서는 문법적으로 복잡한 문장을 접해야 한다고 한다. 또한 부모가 약간은 어려운 말로 이야기해 줄 때 아이는 자기가 어른으로 대접받는다고 느낀다. 그런 느낌을 주기 위해서는 부모가 정말로 자녀를 동등한 존재, 진정한 대화 상대로 생각해야 한다. 자녀의 지적인 능력을 신뢰해야 한다. 여기에서 중요한 것은 진지함과 정성이다. 대화의 어려움은 언어보다도 마음에 있기 때문이다.

가사(家事)에서 배우는 것

'호텔 가족'이라는 말이 있다. 일본의 어느 정신과 의사가 만들어 낸 개념이다. 한집에 살면서도 식구들은 저마다 자기 방에만 갇혀 지내기 때문에 대화가 없을 뿐 아니라 아예 관심조차 없는 가정을 말한다. 한국에도 그런 가정이 점점 늘어나는 추세일 것이다. 인터넷과 휴대폰을 통해 저마다 집 바깥으로는 엄청난 연결망을 갖고 살아가지만 정작 한솥밥을 먹는 식구들끼리는 하숙생들 사이의 관계만도 못한 경우가 흔하다. 그런 가운데 부모 자녀 사이의 대화를 시도하는 것은 매우 힘겨운 작업이다. 그렇다면 가사를 매개로 소통을 시도해 보는 것은 어떨까.

가정이라는 것도 하나의 작은 사회다. 그 안에도 사회의 공공 영역 비슷하게 공동의 일거리라는 것이 있다. 당신의 자녀들은 거기에 얼마나 참여하는가. 전통 사회에서는 가정이 곧 생산 공동체였다. 모든 가족이 노동을 수행했고 어린아이들도 일고여덟 살 정도만 되면 어른들의 일손을 돕기 시작했다. 근대 사회에 들어오면서 주요한 경제 활동은 가정과 지역을 벗어나 특정한 공간과 제도 속으로 집중되었고, 가정에는 출산과 육아 그리고 가족의 생활 유지를 위한 일거리만 남게 되었다. 그리고 그것이 전업주부의 몫으로 전가되면서 아이들이 할 수 있는 일거리는 거의 사라졌다. 무엇보다도 공부가 우선이기 때문에 집안일을 안 하거나 못하는 것이 문제가 되지 않는다. 그러나 정말로 문제가 없는 것일까. 집안일을 돕는 것이 아이의 공부 시간을 축내기만 할까.

돌이켜보면 우리 세대는 청소년기에 지금의 아이들보다 집안일을 많이 했던 것 같다. 금방 생각나는 것만 떠올려 보아도 꽤 종류가 많다. 집안 청소, 연탄 갈기, 연탄재 내놓기, 마당 화단에 물주기, 집 앞 골목 청소, 지나가는 행상인 불러 채소 사오기, 어머니와 함께 장보기, 고장 난 물건 수리하기, 보일러나 물탱크 등 집안 시설 보수하기, 폐품을 모아 고물 장수에게 팔기, 쥐잡기, 은행에 가서 돈 찾아오기, 할머니 교회 모셔다 드리기, 조카 아이 돌보아 주기, 동사무소에 가서 증명서 떼오기, 손님이 집 근처까지 오시면 모시러 나가기 등. 부엌일을 제외한 모든 집안일이 나의 일상이었다. 초등학교 입학 때부터 결혼 전까지 늘 내가 해야만 하는 심부름거리가 있었다. 아마도 지금 부모 세대는 거의 그러했으리라고 본다. 단독 주택에는 일거리가 많았고, 사회적 업무들이 자동화되지 않았기에 발품을 팔아야 할 일이 많았다. 그에 비해 지금은 가사의 양 자체가 현격히 줄어들었다. 아파트라는 공동 주택에서는 제반 시설이 일괄적으로 관리된다. 은행 업무나 쇼핑은 온라인으로 처리된다. 고장 난 물건은 버리고 새것으로 산다. 그 외에 자잘한 일들도 점차 상품화된 서비스의 도움을 받을 수 있다. '심부름 센터'까지 생기지 않았는가.

나의 성장에 그런 심부름은 어떤 의미가 있었을까. 아침마다 잠을 깨워 빗자루를 쥐어 주시던 아버지 때문에 스트레스도 참 많이 받았다. 겨울이면 때를 맞춰 연탄을 갈고 어쩌다 잊어서 꺼뜨리면 꾸중을 들어야 했다. 그 일의 양은 고3 때와 재수생 시절에도 크게 줄어들지 않았다. 그때는 귀찮고 성가신 나날이었지만 지금 생각해 보면 참으로 고마운 경험이다. 결코 심한 고생은 아니었지만, 그래도 20년 이상 궂은일을 꾸준히 하면서 나름대로 수신(修身)을 했다고 생각한다. 무슨 일이든 몸에 배야 하는 것인데, 생활 속에서 그러한 체질을 어느 정도 갖춘 덕분에 지금도 허드렛일에 별로 거부감이 없다. 그리고 몸을 쓰면서 하는 일에 익숙하다는 것이 무언가 삶에 대한 근본적인 자신감을 가져다준다.

개인적인 차원에서만 의미가 있는 것이 아니다. 이러한 가사 노동을 통해 가족들은 공동체 구성원으로서 정체성을 얻었다고 생각한다. 생산 행위까지는 아니지만 일을 함께 하는 과정에서 자신의 수고가 가정의 유지에 보탬이 되고 있음을 확인할 수 있는 것이다. (엄밀히 말하면 생산 행위가 아니라고 할 수도 없다. 가사 노동의 경제적 가치가 시장에서 환산되지 않을 뿐이지 그것은 엄연히 또 하나의 생산 행위다.) 어린 나이 때부터 개인을 넘어선 공동체를 위해 무언가에 기여하는 것은 매우 소중한 경험이다. 자원봉사를 강조하는 것도 같은 맥락일 텐데, 가정은 그런 정신을 키울 수 있는 기본 터전이 아닐까.

우리 집 아이들이 집안일을 대하는 태도를 보면 재미있다. 똑같은 집안일도 하기 싫어 할 때가 있는데, 다름 아니라 부모가 시켜서 할 때다. 일주일에 한 번씩 쓰레기 분리수거를 하도록 하는데 자매가 서로 미루느라 티격태격 다투기 일쑤다. 그런데 그보다 몇 배 힘든 일도 일사천리로 해낼 때가 가끔 있다. 흥미롭게도 그 상황의 공통점이 있다. 엄마가 출장 때문에 며칠 동안 집을 비우거나 피곤해서 쓰러져 일찍 잠들어 있을 때다. 녀석은 제 세상을 만났다는 듯, 온 집안을 샅샅이 소지한다. 무슨 심보인가. 단순히 깜짝 놀라게 해주기 위해서만은 아닌 듯하다. 그 심리를 가만히 들여다보니, 자기를 집안의 매니저로 자임하는 것이다. 자기가 있음으로 해서 집안이 이렇게 달라질 수 있음을 스스로 체험하고, 부모에게 인정받는 즐거움도 있다. 존재감의 확인 또는 좋은 의미의 권력욕일 수도 있겠다. 핵심은 자기주도성이다. 스스로 동기를 부여하는 힘이다.

앞에서 언급했듯이 지금은 집안일이 많이 줄었다. 부모들은 아이들의 노동에 대해 거의 무관심하다. 그러나 사람은 결국 노동을 하면서 자립할 수 있다. 자신의 노동력을 얼마만큼 인정받느냐가 곧 경쟁력이다. 지금까지는 학력(學歷)이 노동력과 비례하는 시대였다. 이제는 다르다. 고학력 무능력자들이 양산되는 시대다. 자녀를 정직하게 바라보자. 능력이 있는가? 일에 붙임성이 있는가? 그렇다면 그 아이의 장래는 별로 걱정하지 않아도 된다. 직장생활을 해본 사람이라면 '헛똑똑이'보다 성실한 사람이 훨씬 큰 성과를 낸다는 데 동의할 것이다. 이 세상이 장차 필요로 하는 것은 생활력이다. 그러나 서두르지는 말자. 아이들의 습관과 가정의 풍토는 갑자기 바뀔 수 없다. 할 수 있는 것부터 차근차근 시작해 보자.

한 가지 아이디어를 제안하면 집안일을 전부 나열해 보는 것부터 시작해 보자. 한 가정이 돌아가는 데 어떤 일들이 필요한가? 가족이 둘러앉아 리스트를 작성해 보는 것이다. 아이들에게 먼저 이야기를 시켜보면 좋을 듯하다. 이것은 매우 중요한 학습의 시간이 된다. 사실 많은 아이들은 아버지와 어머니가 어떤 일을 하며 무엇에 신경을 쓰는지 잘 알지 못한다. 그 무지에 부모들도 별로 신경 쓰지 않는다. 시험에 나오지 않기 때문이다. 그러나 집안일도 제대로 알지 못하면서 세상을 어떻게 알겠는가. 가사의 모든 것을 마스터한다면 대단한 인재가 될 수 있다. 집안일들을 리스트업하고 범주를 나눠 보자. 그리고 어떤 일들이 잘 돌아가고 있고, 잘 되지 않는 일들은 무엇인지 평가해 보자. 필요 없는 일, 앞으로 꼭 추가되어야 할 일도 따져 보자.

그렇게 해서 파악된 집안일을 놓고 자녀들이 새롭게 떠맡을 수 있는 일이 있는지, 지금 당장은 아니어도 향후 나이가 듦에 따라 담당할 수 있는 일거리가 무엇인지 찾아보자. 그리고 작은 일부터 시작하도록 하자. 여기에서 중요한 것은 시키는 것이 아니라 부탁하는 식이 되어야 한다는 점이다. 그리고 칭찬이나 고마움의 표시를 확실하게 해야 한다는 점이다. 아이가 자라면서부터는 집안의 어려움이 있으면 알려 주며 의견을 구하고 역할을 부여한다. 때로는 경제적인 사정까지 정보를 공개하고 당분간 허리띠를 졸라매야 하는 이유를 설명하기도 한다. 그를 통해 아이는 주인의식을 갖게 된다. 하나의 집안이 유지되는 과정에는 겉으로 잘 드러나지 않는 어려움이 있음을 알게 되면서 아이들은 철이 들어간다.

아예 내친 김에 그 시간 축을 길게 늘여 부모가 세상을 떠날 때까지 집안일은 어떻게 변화하고 경제적 사정은 어떻게 달라지는지를 예측하는 도표를 그려 보면 어떨까. 이는 부부끼리도 제대로 해본 적이 없을 것이다. 나도 이 글을 쓰면서 비로소 깨닫고 있다. 가족 구성원들의 나이, 부모의 정년과 수입과 건강, 자녀의 졸업과 군복무와 취직 및 결혼 시기, 예금 및 각종 보험 등을 고려하여 미래의 가정 상황을 시뮬레이션 해보자. 아이들에게도 소중한 인생계획의 시간이 될 것이다. 언제까지나 부모가 뒷바라지해줄 수 없음을 구체적인 자료에 근거해 이야기해 줄 때 아이들은 구체적으로 자립을 향한 마음의 준비를 해나갈 수 있을 것이다. 그리고 부부의 입장에서도 자녀에게 매몰되거나 얽매이지 않고 자기들 나름의 라이프코스를 기획할 수 있다. 자녀가 일정한 나이에 이르면 각자의 삶에 책임을 져야 한다는 사실을 냉정하게 받아들이고, 자녀들이 그것을 빨리 인식할수록 진로 설정에 도움이 될 것이다.

자녀들이 가사에 관심과 주인의식을 가질 수 있도록 하는 또 하나의 방법을 소개한다. 그것은 몸으로 움직이는 것이 아니라 머리를 쓰는 일이다. 어느 집안이나 신중하게 의사결정을 해야 할 일들이 많이 있다. 거기에 아이들이 의견을 개진하고 토론할 수는 없을까. 그것은 부모 자녀 사이의 일대일 관계에서 이루어지는 대화보다 훨씬 흥미롭고 부담도 적다. 예를 들어 한꺼번에 쇼핑을 많이 해야 할 경우, 그 계획을 아이들과 함께 짜보면 어떨까. 가격비교는 물론 동선까지도 고려하여 가장 합리적인 구매가 이루어질 수 있도록 안을 만들어 보라고 하면 아이들은 신이 나서 동참할 것이다.

또 하나 중대한 가정사로서 이사를 들 수 있다. 새로운 거처를 마련한다는 것은 대단히 많은 변수를 고려하여 이루어지는 선택이다. 동네의 입지 조건, 경제적인 사정, 이사의 시기, 집의 크기와 실내 구조 등을 종합적으로 판단해야 한다. 그리고 집이 결정된 다음에 결정해야 할 것도 많다. 이사하면서 버릴 가구나 물건의 범위, 새로 이사할 집의 실내 디자인, 방의 할당 및 전체적인 가구 배치, 새로 구입해야 할 가전제품 등이 그것이다. 이 모든 것이 만만치 않은 정보 처리를 요구한다. 그것은 매우 성가신 일들이지만 마음먹기에 따라서는 즐거운 협동 작업이 될 수도 있다.

자녀들이 그 과정에 참여하여 자신의 생각과 욕구를 입력할 수 있어야 한다. 물론 나이에 따라서 그 범위를 적절히 정해야 할 것이다. 나는 예전에 이사할 때 초등학교에 다니는 딸들에게 자기 방의 가구 배치만큼은 스스로 결정해 보도록 했다. 학교 공부에만 매달리기 쉬운 아이들에게 그렇게 실제 상황을 놓고 문제를 해결하거나 방안을 선택하는 기회는 매우 소중하다. 그리고 보통때 하는 공부와 달리 매우 적극적인 관심을 보일 수 있다. 평소에 부모 자녀 사이에 대화가 부족했던 가정이라면 그런 계기를 통해 소통하는 연습을 할 수도 있다.

이사는 그렇게 자주 있는 일이 아니다. 그러나 크고 작게 가족 모두가 생각과 힘을 모아야 할 일거리들은 이사 말고도 많다. 대청소 때 집안의 물리적인 환경을 어떻게 바꿀 것인지, 가족 여행을 어느 정도의 경비를 들여 언제 어디로 떠날 것인지, 새로운 컴퓨터를 어떤 것으로 들여놓을 것인지, 애완동물을 키우고 싶다는 딸아이의 소원을 들어줄 것인지 등. 이 모든 일들을 부모가 일방적으로 결정할 것이 아니라 토론을 통해 의견을 수렴하는 것이 좋다. 설령 부모가 정해 놓은 방향이나 대안이 있다 해도 가족들의 논의를 거쳐 보는 것이 바람직하다. 여기에서 핵심은 과정 그 자체라고 할 수 있다. 그리고 어느 정도의 형식을 갖추는 것이 중요하다. 즉 가족회의를 통해 의견을 모으고 결정해야 한다.

도시 공간을 거닐면서

부모와 자녀가 함께 시간을 보내는 공간은 대부분 집이다. 학교나 직장 그리고 도시의 여러 장소나 자연 공간에 비해 집은 편안하다. 다른 사람의 눈치를 볼 필요가 없고 시간에 쫓기지도 않는다. 몸과 마음이 내키는 대로 일하고 쉴 수 있다. 그러나 그러한 이완과 자유로움은 아버지에게나 해당되는 사항이다. 집에는 가사노동이 끊임없이 이어지고 있어 직장에 다니는 여성들도 귀가하면 또 다른 일과를 시작해야 하는 것이 아직까지 많은 가정의 현실이다. 아이들에게는 어떤가. 그 어느 곳보다도 집을 가장 억압적인 공간으로 여기는 경우가 많다. 공부에 대한 압박과 감시, 지겹도록 듣는 부모의 성화, 그리고 가정에 따라서는 경제적인 어려움이나 만성적인 가족 갈등으로 인해 집에 오면 답답하고 짜증나고 우울하기만 할 수 있다. 그런 집안에 대화가 들어설 자리는 지극히 비좁다.

공간은 마음을 빚는다. 공간은 단순히 물리적인 외형만이 아니다. 그 안에서 형성되는 분위기요, 사람과 사람이 맺는 관계의 생리다. 언제부터인가 식구들 사이에 이야기가 서서히 사라지기 시작한 것은 아닌가. 이제 그 침묵은 가정이라는 공간에 스며들어 있는 마음의 습관이 되어 버렸다. 그것은 쉽게 바뀌지 않는다. 이게 아닌데 하면서도 그 공간과 관계 안에 들어오면 자기도 모르게 따라가는 타성 같은 것이 있다. 일정한 상호작용의 패턴에 모두 길들여져 있기에 여간해서는 변화하지 않는다. 일상의 힘은 그렇게 강력하다.

따라서 부모 자녀 사이에 맺어온 관계의 궤도를 수정하려면 그러한 일상을 벗어나 보는 것도 좋은 방법이다. 그런데 어렵게 외출을 해도 좋은 기회를 살리지 못하는 경우가 많다. 어느 날 지하철을 타고 가면서 보았던 맞은편의 부모와 아이들의 모습이 떠오른다. 그 가족은 함께 창경궁에 다녀오는 길인 듯했다. 초등학교 3학년 정도로 보이는 아이가 고궁에서 받아온 팸플릿을 열심히 들여다보고 있었다. 견학에서 생긴 궁금증을 확인하려는 듯 반짝이는 눈으로 궁궐의 조감도를 세밀하게 살펴보았다. 그런데 그 옆에 있는 젊은 아버지와 어머니는 멀뚱하게 사람들만 쳐다보고 있었다. 흔히 볼 수 있는 익숙한 광경이지만 그날은 매우 답답하게 느껴졌다. 모처럼 갖게 된 가족 나들이를 왜 그렇게 무료하게 때우는가. 부모는 아이와 함께 둘러본 고적에 대해서 나눌 이야기가 그렇게 없을까. 아이는 뭔가 더 알고 싶어 하는 눈빛이 역력한데, 그 호기심에 맞장구를 쳐주면 얼마나 좋을까.

무엇을 보든 어떤 것을 체험하든 즐거운 배움과 대화의 소재로 녹여낼 수 있는 내공이 부모에게 요구된다. 먼저 평소에 가족끼리 외출할 때 조금만 찬찬히 생각해 보자. 쇼핑, 외식, 공연 관람, 여행 등 여러 가지 목적으로 나들이를 하게 된다. 그 시간은 매우 즐거운 대화의 시간이 될 수 있다. 눈에 보이는 것이 많기 때문이다. 사물이나 풍경, 그리고 사람들의 모습, 모든 것이 화제가 될 수 있다. 그 하나하나를 잘 뜯어 보면 온갖 세상의 이치들이 일정한 방식으로 함축되어 있기 때문이다. 정치, 경제, 사회, 기술 등 문명의 다양한 모습이 그 안에 담겨 있다. 부모는 자신의 경험적 지식을 토대로 그 현실의 이면을 들춰 볼 수 있다.

예를 들어 쇼핑이나 외식을 위한 외출을 생각해 보자. 현란한 상품과 다채로운 외관 및 인테리어로 가득 찬 상업 공간은 그냥 걷는 것만으로도 즐겁다. 형형색색 구경거리가 끊임없이 이어지는 파노라마 앞에서 우리는 아무 생각 없이 오감을 열어두기만 하면 일상의 무료함을 간편하게 씻을 수 있다. 단조로운 공부에 지친 아이들은 그래서 더욱 번화가를 좋아하는 듯하다. 그러나 거기에서 장사를 하는 업주들의 입장에서는 어떨까. 느긋하게 눈요기하는 소비자와는 정반대로 가파른 긴장의 연속이다. 시시각각 급변하는 트렌드를 민첩하게 읽으면서 치밀하게 대응 전략을 구사하지 않으면 한순간 도태되어 버리기 때문이다. 더구나 최근 한국의 자영업은 공급 과잉으로 적자생존의 각축이 그 어느 나라보다 치열하다.

따라서 그곳은 경제교육의 살아 있는 현장이다. '시장'이라는 것, 그 안에서 벌어지는 '경쟁'이라는 것의 원리를 구체적으로 이해할 수 있는 텍스트가 거기에 있다. 그냥 필요한 물품을 구매하고 서비스만 받는 소비자의 입장을 떠나, 고객의 욕망을 충족시키는 생산자의 입장에서 사물을 바라보면 흥미롭게 읽힐 수 있는 것이 많다. 그 독해의 과정에서 비즈니스 마인드나 마케팅 감각을 익힐 수도 있다. 사업을 하고 있는 아버지라면 어렵지 않게 유도할 수 있을 것이고, 웬만한 직장 경험이 있는 부모들이라면 기본 상식만 가지고도 여러 가지 학습의 실마리를 발견할 수 있을 것이다.

나는 외식을 하러 나가면 음식을 기다리는 동안 딸들에게 가끔 이런 질문을 던질 때가 있다. 이 식당이 장사가 잘 될 것 같은가?

그렇다면 이유는 무엇이고, 아니라면 무엇이 문제라고 생각하는가? 종업원들의 표정과 일하는 태도는 어떤가? 만일 네가 주인이라면 실내 공간 배치를 어떻게 개선하면 좋겠는가? 쇼핑 공간을 돌아다니면서 나누는 이야기도 많다. 대형할인매장과 백화점은 어떤 점을 가지고 경쟁을 할까? 백화점의 엘리베이터는 왜 출입구에서 멀리 떨어져 있을까? 그리고 왜 1층에는 한결같이 화장품이나 보석 등의 상품을 취급하는 매장이 들어서 있을까? 이런 질문을 가지고 생각을 나누다가 큰딸아이와 백화점을 집중적으로 조사하여 그 결과물을 방학 탐구 과제로 제출했다.

상업 시설 이외에 일반 도시공간에서도 대화의 소재를 다양하게 찾을 수 있다. 거리나 공원을 지나면서 그곳이 마음에 드는지, 그렇지 않다면 무엇이 문제인지를 이야기해 보자. 또 다른 예로 지하철의 경우를 들어 보자. 만일 서울에서 1호선에서 6호선으로 환승한다면 그 건설의 시차가 약 20년 이상 나기 때문에 전동차의 내부 시설의 디자인이나 구조를 비교해 보면 흥미로운 점들을 찾아낼 수 있다. 지하철 운전자와 버스 운전자 가운데 누가 스트레스를 더 많이 받을지도 추측해 본다. 승용차나 버스를 타고 가다가 심하게 정체되는 구간이 있으면, 짜증을 내는 대신 그 원인을 살피거나 추정해 본다. 이는 최근에 물리학에서도 첨단 이론을 동원하여 연구하는 분야다. 거리를 지나다가 건물을 짓고 있으면 공사를 진행하면서 안전시설이 제대로 갖춰져 있는지 살펴본다. 그리고 이런 대화는 딱딱한 토론보다 즐거운 퀴즈식으로 하는 것이 좋다.

그냥 사람들의 움직임을 관찰하는 것도 재미있다. 공원 같은 데서 벤치에 앉아 지나가는 사람들을 바라보면서 그들이 어떤 사람이고 그들의 가족은 어떻게 될 것 같은지를 짐작해 보며 이야기하는 것도 한 가지 방법이다. 매우 막연한 상상이지만 그런 두뇌 회전은 인간에 관한 관찰력과 직관력을 높여 준다. 영화감독 봉준호는 공공장소에서 그런 상상을 하는 습관을 가지고 있는데, 시나리오 작업에 도움이 된다고 말한다. 조금 더 집중적인 관찰을 즐기는 방법도 있다. 예전에 딸과 함께 시내의 어느 카페 3층 창가에 앉아 있었는데 바로 아래에 횡단보도가 있었다. 신호가 바뀔 때마다 수십 명의 인파가 서로 맞은편에서 출발하여 중앙에서 교차되는 광경을 보며 그 안에 어떤 패턴이 있는지를 유심히 살피던 우리는 시간 가는 줄 모를 정도로 그 상황에 빠져들었다. 자연 속에서 나타나는 대기의 흐름이나 입자의 운동과 비슷한 꼴을 이루는 듯해 그와 연결지어 생각해 보기도 하고, 영화의 한 장면으로 삽입한다면 어떤 연출이 가능할까도 상상해 보았다.

고장 난 물건은 보물 단지

앞서 2장에서 학습의 중요한 동기로서 호기심에 대해 논한 바 있다. 호기심이 충만하다면 배움에 대한 열정은 저절로 솟구칠 것이고 자발적으로 탐구해갈 것이다. 그런데 그 호기심을 어떻게 불러일으킬 수 있을까? 어른들이 아이들과 배움의 즐거움을 나누기 위해서는 무엇을 매개로 하면 될까? 그 가운데 하나로 눈에 보이고 손으로 만져지는 물건을 생각해 보고 싶다. 아이들은 사물에 관심이 많다. 생활 속에서 만나는 하찮은 대상들에 대해 궁금해하고 이렇게 저렇게 조작해 보고 싶은 충동을 느낀다. 그 지적인 욕구를 활용하여 다양한 학습 프로그램을 개발해 볼 수 있을 것이다.

나는 두 딸을 키우면서 집에서 함께 공부하는 프로그램을 여러 가지로 창안해왔다. 한때는 딸들의 친구들을 불러모아 몇 달 동안 공부 시간을 갖기도 했다. 그런데 그 가운데 절반 정도는 굳이 분류하자면 자연과학 쪽에 해당하는 내용이었다. 그래서 아이들은 어릴 때 내가 과학을 가르치는 선생인 줄 알고 있었다. 아이들은 틈만 나면 '과학 공부'를 하자고 조를 만큼, 그쪽 내용이 주를 이루었다. 수업은 생물, 물리, 천문, 기계 등 여러 과목을 가로지른다. 그리고 자연스럽게 사회, 역사, 문학 등으로도 이어진다. 수업의 주제는 한결같이 매우 단순하면서도 그 안에 여러 사물의 원리가 집약되어 있는 것을 고른다. 그리고 가능하면 가장 익숙한 대상에서 출발한다. 따라서 기발한 아이디어나 첨단의 기법이 전혀 동원되지 않아도 된다.

딸들이 초등학생이었을 때 했던 공부 내용이다. 소재는 못이었다. 아이들은 먼저 집안에 있는 모든 가구들이 어떻게 조립되어 있는지, 특히 이음새들이 어떻게 처리되고 있는지 관찰한다. 거기에서 세 종류의 못이 사용되고 있음을 식별한다. 보통 못과 나사못이 있고, 나사못에는 일자못과 십자못이 있다. 그 다음에는 연장통을 가져다가 그 세 종류의 못들과 망치, 일자드라이버, 십자드라이버를 꺼내 놓는다. 그리고 집에 가지고 있지 않은 전동 드라이버는 그림책에서 찾아 보여 준다.

그런 다음 문제를 낸다. 사람들이 역사 속에서 어떤 도구들을 먼저 발명했는지 시간 순서대로 배열해 보는 것이다. 기존 도구들의 어떤 불편한 점을 보완하면서 새로운 것이 등장했는지에 대해 이야기를 나눈다. 기술의 진화 과정을 추론하는 작업이다. 그리고 나무판을 갖다 놓고 그 못들을 하나씩 직접 박아 본다. 아울러 그런

식으로 도구가 발전하면서 일하는 방식과 능률이 어떻게 달라졌는지, 목수의 삶이 어떻게 변화해왔는지도 생각해 본다. 아이들은 동화에서 읽었던 어떤 목수의 이야기를 꺼낸다. 거기에서 더 나아가 그러한 못과 연장들의 재료가 되는 철(鐵)에 대해서도 이야기를 나눈다. 인류가 철을 추출해 제련하는 기술이 없었다면 지금 우리 생활은 어떤 모습일까. 철이 사용되기 전 옛날 사람들은 그것 대신 어떤 물질을 사용했을까.

이런 식으로 소재를 찾아 이야기를 풀어 가기 시작하면 커리큘럼은 얼마든지 개발할 수 있다. 몇 가지 예를 들어 보자. 집안에 지천으로 널려 있는 종이 상자들을 보고 아래쪽 면이 튼튼한 바닥을 이루기 위해서 날개가 어떻게 교차하면서 접혀야 하는지, 자전거와 자동차는 어떤 점에서 각기 장단점이 있는지, 휴지통 속에 담긴 쓰레기들이 종류별로 어떻게 처리되는지, 집안에서 기르는 토끼가 야생 상태에서는 풀과 호랑이 사이에서 먹이사슬을 이루는데 사냥꾼이 호랑이를 죽여 그 균형이 깨지면 어떤 변화가 일어나는지 등.

여기서 중요한 것은 성급하게 결론이나 해답을 찾으려 하지 않고 여러 각도에서 질문을 던지면서 생각의 실타래를 차근차근 풀어 가야 한다는 점이다. 그리고 이야기가 엉뚱한 곳으로 빠지더라도 그 궁금증의 꼬리를 계속 따라가는 편이 좋다. 그를 통해 세계의 복잡한 연관성을 탐구할 수 있는 상상력이 함양될 수 있다. 그리고 의외의 답에 도달하는 기쁨도 만끽할 수 있다. 물론 그렇듯 답을 찾아가는 과정 자체를 중시하면서 생각의 물꼬를 하나씩 터 나가는 인내력은 생각만큼 쉽게 발휘되지 않는다. 우리는 재빨리 답을 찾아내는 순발력을 너무 높이 평가해왔기 때문이다. 이제는 답을 찾아가는 과정 자체에 의미를 부여하면서, 거기에서 뻗어 나오는 여러 가지 생각의 갈래들을 더듬으며 지성의 부피를 키워야 한다.

사물은 그러한 학습의 효과적인 촉매제가 될 수 있다. 우리가 생활 속에서 사용하는 모든 물건은 그 하나하나가 현대 문명의 결집체다. 거기에는 과학과 테크놀로지의 복잡한 원리가 집약되어 있다. 그리고 그러한 물건들이 우리의 삶을 결정적으로 매개하고 사회의 변화를 견인하기도 한다. 따라서 일상을 구성하는 물건의 세계는 세계를 이해하는 중요한 텍스트가 될 수 있다. 아이들은 많은 물건을 접하지만 그것들이 어떤 자원을 원재료로 하여, 어떤 과정으로 가공되고 어떤 유통 경로를 거쳐 자기 손에 들어오는지 알지 못한다. 그리고 그것을 다 쓰고 나서 버리면 어떻게 처리되거나 재활용되는지도 알지 못한다. 교육 프로그램의 일환으로 아이들의 일용품들의 전후방 경로를 추적해 보는 것은 대단히 유용한 작업이 될 것이다. 종이 공책 하나만 놓고 보더라도 동남아 열대우림에서 제지 공장, 자원 재생 공장에 이르기까지 일련의 경로를 파악해 보는 것이다. 그런 식으로 '볼펜의 일생' 등도 이야기로 만들어 볼 수 있을 것이다.

돌이켜보면 사물을 매개로 한 이러한 상상력은 나의 성장 과정의 영향이 컸다고 생각한다. 초등학교에 입학할 무렵부터 20년 이상 집안에서 고장 난 물건이나 시설을 고치는 일을 도맡았다. 라디오, 전축, 다리미, 전등. 지금도 모두 사용하는 물건들이지만 예전에는 왜 그렇게 고장이 잘 났는지 모르겠다. 그리고 웬만하면 그냥 버리고 새로 구입하는 지금과 달리 그때는 고쳐 쓸 수 있는 만큼 고쳐 써야 했다. 또한 단독주택에 살면 고장 나는 것이 많다. 수도, 보일러, 물탱크, 전기 콘센트, 문고리. (사람들이 아파트를 선호하는 데는 그런 게 귀찮은 탓도 크다.) 부모님이 어떤 의도를 가지고 하신 일은 아니지만 어찌 하다 보니 그 모든 수리는 항상 내 몫이었다. 물론 내 능력을 벗어나는 경우도 많았다. 그럴 때는 전문 수리공을 불러다가 고칠 수밖에 없었는데, 그 모습을 옆에서 지켜보면서 나의 실력을 업그레이드할 수 있었다. 스무 해 동안 그야말로 살아 있는 현장학습을 꾸준히 해온 것이다.

이것은 가정교육에서 시사하는 바가 크다. 유아의 인지 및 언어 능력 발달에서도 손으로 물건을 만지작거리는 것이 큰 도움이 된다는 점은 일찍이 밝혀진 바다. 아동기에만 국한되는 것이 아니다. 생활 속에 널려 있는 도구들의 원리를 이해하는 것은 관찰력과 창조성을 키우는 구체적인 경로가 될 수 있다. 고장 난 물건을 수리하는 경험은 매우 생생한 도전과 배움의 기회를 제공한다. 문제 해결 능력이 점점 중요해지는 시대에, 생활 속에서 그 지능을 기르며 즐거움을 맛볼 수 있는 기회는 많다. 집에서 고장 난 물건들이 있으면 그냥 버리지 말고, 아이들과 함께 뜯어 보고 어떻게 고칠 수 있는지 연구해 보자. 실패하더라도 시도해 보는 것만으로 충분히 의의가 있다. 의자, 자전거, 우산, 롤러블레이드, 가방, 그리고 위험하지 않은 가전제품 등 대상은 많다. 아이들이 여러 가지 사물을 조작하고 이해하는 것은 인지 발달에 큰 도움이 된다. 잘 모르면 아이와 함께 수리점을 찾아가 보자.

그러한 과정을 통해 사물과의 사귐이 깊어간다. 오랫동안 소중하게 사용하며 손때가 묻은 물건들은 아이들의 기억에 나뭇결 같은 무늬가 된다. 엄마 아빠가 정성스레 고쳐 준 장난감은 애정을 보관하고 전달하는 미디어다. 고장 난 물건은 애물단지가 아니라 퀴즈와 퍼즐을 담은 보물단지다. 그것을 매개로 가족이나 친구들이 생각을 모으면서 협동학습을 할 수 있고, 그 과정에서 단답형의 기계적 사고 회로를 다원적이고 자유자재한 연결망으로 바꿔갈 수 있다. 창의성을 자극하고 연마할 기회는 생활 속에 가득 널려 있다.

chapter 4

삶에 대한 상상력

고학력과 불안의 악순환

새터민 청소년들이 다니는 어느 대안학교의 교장에게 들은 이야기다. 북한에서 탈출하여 중국을 몇 년간 떠돌다가 한국에 정착한 아이들이 하는 말이, 북한에서는 배가 고파서 살기 힘들었고, 중국에서는 공안에게 잡혀갈까 봐 무서워 살기 힘들었는데 남한에 오니까 몰라서 못살겠다고 한단다. 같은 한국어를 쓰지만 생소하고 어려운 단어들이 너무 많고, 길거리의 간판 등에서 확연히 드러나듯 영어가 일상적으로 쓰이고 있기 때문에 전혀 다른 언어권에 온 듯한 이질감을 갖게 된다. 상대방의 말을 잘 알아듣지 못하고 대화에 끼어들기 어려울 때는 정말로 바보가 된 기분이리라. 게다가 워낙 다른 방식으로 굴러가는 사회 시스템 속에서 숨을 고르기 어려울 만큼 빠르게 전개되는 변화에 적응하기도 어려울 것이다.

그러나 무지(無知)의 고통을 가장 뼈저리게 절감하는 곳은 역시 교육 현장이다. 세계 최고 수준의 교육열로 가파른 경쟁을 벌이는 또래 청소년들의 무서운 학력(學力) 앞에서는 절망감을 느낄 정도다. 부실한 기초교육과 몇 년간의 학습 공백은 치명적이다. 실제로 대학에 입학한 새터민 청소년들 가운데 상당수가 중도에 학업을 포기하는 실정이다. 기아의 고통을 견뎠고 삼엄한 감시망을 뚫고 탈출했으며 낯선 땅에서 체포의 위험을 무릅쓰고 마침내 한국 땅을 밟은 이들. 강인한 정신력으로 생존의 사선을 넘어온 그들을 좌절시킬 만큼 한국 사회의 서바이벌 게임은 살벌하다. 한국에서 중·고등학교를 졸업한 어느 외국 학생이 '누구든 한국에서 고3 생활을 하면 이 세상에서 못할 게 없을 것'이라고 말할 정도로 초인적인 집념을 요구하는 곳이다.

그런데 그토록 공부에 매달린 학생들에게 자신감이 없다. 세상과 삶에 대해 안다고 자부할 수 있는 것이 너무 없고, 미래를 생각하면 불안하기 짝이 없다. 몰라서 못살겠다는 새터민들의 탄식은 일반 젊은이들에게도 해당되는 말이다. 세칭 일류대학에 다니는 학생들도 예외가 아니다. 학력이 인생의 보증수표가 되기 어렵고, 학교에서 쌓은 학식이 살아가는 데 별다른 힘이 되지 못한다고 느끼는 것이다. 그래서 대학생들은 취업 시장에서 조금이라도 유리한 '스펙'을 만드느라 분주하다. 학점, 토익, 어학연수, 각종 자격증, 자원봉사 경험, 인턴십, 그리고 성형수술. 남들이 하는 것은 다 해놓아야 한다고 생각하기에 대학생활은 빡빡하기만 하다.

한국의 교육은 맹목적인 학력 경쟁으로 치우쳐왔다. 그런데 학력(學歷)이 실질적인 학력(學力)을 담보하는 것은 아니다. 그것은 다분히 상징적인 효력을 갖는 것으로서, 폐허 위에 진행된 급속한 경제 성장의 결실을 분배하는 과정에서 학력이 개개인을 평가하는 절대 기준으로 자리 잡은 것이다. 성공 모델을 복제하는 방식의 대량생산 산업발전 단계에서 노동자들은 어느 정도 기본 자질과 능력만 갖추면 웬만한 업무는 처리할 수 있었다. 그래서 졸업장이 그 사람의 실제 능력을 얼마나 입증하느냐는 심각한 문제가 되지 않았다. 일류대학이 그 위치를 확고부동하게 유지할 수 있었던 것은 국민들이 일류대학이라고 믿기 때문이었다. (그 거대한 신화가 작동하는 한, 대학들이 스스로를 객관적으로 평가하면서 질적인 갱신을 이루려는 동기를 갖기 어렵다.)

그런데 IMF 외환위기 이후 경제 여건이 달라지면서 학교에서 직장으로 순조롭게 이행할 수 있는 상황은 바뀌었다. 예전에는 학력으로 함축되는 기본적인 능력만 있으면 정규 사원으로 채용한 후 실제 업무에 필요한 자질은 사내교육으로 충당했다. 그러나 이제 한편으로는 경영의 압박이 가중되고 다른 한편으로는 노동력의 공급이 넘쳐나는 상황에서, 기업은 연수 기능을 축소하거나 포기하는 한편 바로 현장 실무에 투입할 수 있는 인력만을 엄선하여 정규직으로 만들고, 나머지는 비정규직으로 외부화하는 전략을 채택하고 있다. 경력직 선호 추세 속에서 신규 취업자들의 진입 장벽이 높아지고 많은 졸업생들이 결국 취업 재수생이나 아르바이트 일자리로 전전하는 데는 이러한 배경이 있는 것이다. 글로벌한 규모로 치열한 경쟁이 치러지는 노동시장에서 젊은이들이 일자리를 마련해야 하는 지금, 대학 졸업장이 갖는 힘은 점점 빛이 바래고 있다.

결국 고도성장기의 학교와 기업의 연계 체제가 흔들리면서 젊은이들의 사회 진출에 큰 난관이 생긴 것이다. 학교는 여전히 구태의연한 교육에 안주해 있고, 채용 뒤 사내교육을 통해 사원의 업무 능력을 보완해 주던 기업은 이제 입사 단계에서 고도의 직업적 능력을 요구하고 있다. 이런 상황에서 어디에서도 제대로 전문성을 습득할 기회를 갖지 못한 젊은이들이 설 자리를 찾지 못하는 것이다. 학력도 높고 남부럽지 않게 살고 싶은 욕망도 강하지만 그 꿈을 이룰 만한 여건이 허락되지 않는 상황에서 사회 진출을 자꾸 미루기만 하는 젊은이들이 늘어나고 있다.

이런 가운데 사회학계에서는 '포스트 청년기(post-adolescence)'라는 단계를 라이프코스에 새롭게 설정한다. 포스트 청년기란, 생활(소비) 수준은 어른인데 수입 수준은 반(半)어른으로 반의존 반독립 상태에 있는 시기를 말한다. 선진국은 물론 한국에서도 그러한 기간이 점점 늘어나 이제 그 시기는 30대까지 이르고 있다. 인생의 중대한 선택을 뒤로 미뤄두고 있는 모라토리엄 상태가 장기간 지속되는 것이다. 세계 최고 수준의 대학 진학률을 기록하는 한국에서 대학생들이 여러 가지 이유로 졸업을 늦추고, 뚜렷한 학문적 동기도 없이 대학원에 진학하는 젊은이들이 늘어나는 것은 사회인이 되는 행로에서 일어나는 엄청난 병목 현상을 단적으로 보여 준다. 또한 최근 한국의 출산율이 갑자기 떨어져 세계 최저 수준에 이른 주요 원인은 결혼 자체를 하지 않는 사람들이 많아졌기 때문이며, 그 배경으로는 사회 경제적으로 '어른'이 되지 못하는 수많은 젊은이들이 존재한다는 현실을 들 수 있다.

진로에 대한 정체감

지금 한국의 젊은이들이 가장 관심을 갖는 분야는 무엇일까? 시민 생활, 가르침, 정의(正義), 소통, 치료 등이 아닐까 싶다. 무슨 뜬금 없는 소리냐고? 대학생들이 가장 선호하는 직종을 보자. 공무원, 교사, 변호사, 기자와 프로듀서 그리고 의사가 아닌가. 그렇게 직업명으로 나열하면 익숙한데, 거기에서 수행하는 활동이나 추구하는 가치를 놓고 이야기하면 왠지 생뚱맞게 들린다. 젊은이들이 어떤 자격이나 직장을 얻기 위해 열심히 매진하긴 하지만 특별히 원하는 업무에 대해 관심이나 애정이 있는 것은 아니다. '일자리'와 '일거리' 사이에 놓인 그 커다란 간극과 괴리는 한국 젊은이들의 자화상을 묘사하는 데 중요한 단서가 된다.

위에 언급한 직종들의 한 가지 공통점이 있다. 그것은 외국인과 경쟁하지 않는다는 것이다. '고시'라는 것이 무엇인가. 국가가 특별한 시험을 통과하는 사람들에게 직업 활동의 자격증을 주면서 그 시장을 보호해 주는 장치다. (단 '언론 고시'의 경우 국가가 자격증을 주는 것은 아니지만 기자나 프로듀서, 아나운서 등은 언어의 장벽으로 인해 외국인의 진입이 어렵다는 점에서 결과적으로 보호받는 시장이다.) 시장이 점점 개방되고 글로벌한 경쟁이 가속화될수록 모든 직장과 직업은 안정성이 떨어진다. 외환위기를 거치면서 한국의 노동시장은 그러한 상황으로 급격하게 이행해갔다. 개인을 보호해 주던 기업, 기업을 보호해 주던 국가가 그 안전장치를 대폭 철회하면서 노동자들의 입지는 지극히 위태로워졌다. 이런 상황에서 대학생들은 외국인과 경쟁하지 않고 안정성이 보장되는 직종으로 몰린다. 이런 쏠림 현상은 구조적인 상황 이외에 젊은이들의 성장 과정도 원인으로 설명되어야 한다.

현대 사회의 라이프코스에서 중·고등학교 시절은 진로의 윤곽을 잡는 시기다. 그것은 한편으로 세상을 알아가면서 다른 한편으로는 자기 자신을 알아가는 작업을 요구한다. 전자보다 후자가 더 중요하다. 그런데 한국의 청소년들은 온통 입시에 매달리느라 내가 누구인가 하는 질문을 시작으로 자아와 대화를 나누면서 정체성을 수립하는 작업을 생략한다. 그 상태로 청년기에 접어들어 뒤늦게 사춘기의 고민을 압축적으로 치르는 것이 한국의 대학생들이다. 그리고 다른 한편으로는 세상이 어떻게 돌아가는지에 대해서도 거의 백치 상태다. 12년의 제도권 교육을 거치면서, 그리고 대학에 와서도 온통 평면적이고 단편적인 지식에 함몰되어 실물 감각을 익히지 못한 것이다. 이렇듯 자기에 대해서도, 현실에 대해서도 아는 바가 없는 상태에서 미래를 향해 도전할 수 있는 자신감이 생겨나기란 극히 어려운 일이다. 다만 한 가지 검증받은 것은 일정한 형식의 공부를 하는 머리, 그리고 그것에 기초하여 시험을 잘 보는 능력이다. 그 능력으로 만만하게 도전해 볼 만한 것이 바로 고시다. 고시는 대학입시와 가장 비슷하기 때문이다. 세칭 일류대일수록 고시 준비생들이 많은 것도 바로 그 때문이다.

요즘 대학생들은 꿈을 가진 친구를 가장 부러워한다는 말을 들었다. 서글픈 이야기다. 그렇게 치열한 입시 게임에서 가장 우수한 점수를 받은 젊은이들이 정작 자기가 무엇을 하고 싶은지 알지 못한다. 일단 대학에 들어가 놓고 보자는 식으로, 또 일단 안정된 직장을 얻고 보자는 생각으로, 자신의 적성이나 능력 그리고 삶의 궁극적인 소망 등에 대해 탐색하는 작업은 또다시 연기된다. 공부는 언제나 시험을 위한 도구에 지나지 않는다. 사회에서 실제로 필요한 능력을 쌓거나 내면의 성장을 기하는 공부와는 담을 쌓는 것이다. 현재 수행하고 있는 공부에서 소외된 그들은 장차 직업을 얻게 될 경우 그 일에서도 똑같이 소외되기가 쉽다. 오로지 안정된 직업이라는 이유로 교직을 선택한 교사가 학생들을 가르치는 데서 보람을 얻기는 어려운 것이다. 변호 행위에 대해 열정을 갖지 못한 변호사나 치료 자체에서 보람을 느끼지 못하는 의사는 돈이나 권력, 명예 등 외적인 것을 추구하면서 공허함을 채우려 할 것이다.

그나마 그런 직종은 상대적으로 안정되고 소득이 높기 때문에 일단 그 길에 들어서기만 하면 꽤 오래 지속한다. 문제는 그 외의 평범한 직장들이다. 전문가들의 조사와 통계에 따르면 청년 실업의 원인은 일자리가 부족한 데만 있는 게 아니다. 대부분은 어렵게 취업해 1년도 지나지 않아 그만두는 경우가 대단히 많다고 한다. 그 자리를 다시 누군가가 메우기는 하지만 그 공백 기간에 생기는 실업자의 수가 만만치 않다는 것이다. 직장생활의 수명이 그렇듯 짧아지는 까닭으로 가장 많이 지적되는 것은 이른바 적성은 고려하지 않은 채 월급만 보고 무작정 직업과 직장을 선택하는 풍토다. 남들에게 자신의 모습이 어떻게 비치는가에만 매달리느라 정작 자신이 진정으로 원하는 것은 무엇인지 알지 못하게 된 것이다.

진로에 대한 고민 부족과 거기에서 기인하는 부실한 선택은 그이후의 인생에 지속적인 질곡이 될 수밖에 없다. 한국의 학력 인플레이션은 산업 구조의 변화에 부응하여 일어나는 것이 아니다. 고학력 실업자의 양산이 점점 심각해지는 현상은 우리의 교육열에 내재한 거품을 새삼 확인하는 계기가 된다. 예를 들어 환경미화원 선발 시험에 대졸자들이 대거 응시하고, 초등학생들이 다니는 학원 강사 자리에 석사들이 몰린다. 또한 매년 대학에서 많은 수의 디자이너가 배출되지만 그 가운데 글로벌 경쟁력을 지녔다고 할 만한 인재는 1퍼센트도 되지 않는 게 현실이다. 이는 부실한 대학교육에서 직접적인 이유를 찾을 수 있지만 보다 심각한 원인은 뚜렷한 목표 의식이 없이 일단 대학을 졸업하고 보자는 식의 진로 설계에 있다고 볼 수 있다. 맹목적인 진학과 마구잡이 전공 선택은 결국 그만한 대가를 치르게 된다. 경제적인 대차대조(각종 사교육비와 등록금 vs 졸업 이후 얻는 수입)뿐만 아니라 인생의 기회비용과 희생된 행복까지 계산하면 엄청난 손실이 아닐 수 없다.

한국 대학생들이 얼마나 진로에 대한 마음의 준비를 하지 못하고 있는가에 대해서는 '진로 정체감'에 대한 김태선의 연구*를 통해 알 수 있다. 그의 논문에서 인용하고 있는 미국에서 개발된 진로 정체감 검사의 점수대에 따른 해석은 다음과 같다.

- 0~5점: 자신이 어떤 진로를 선택하는 것이 최선인지 잘 모르는 상태
- 6~14점: 자신이 선택할 진로와 전공에 대해 어느 정도 알고 있고 흥미와 능력도 인식하고 있지만 구체적인 정보를 가지고 있지 못한 상태
- 15~18점: 인생의 방향성을 확립하고 자신이 선택한 진로에 대해 확신을 가지고 나아가고 있는 상태

김태선의 연구에 따르면 한국의 대학생들은 평균 7점 정도로 나타나는데, 이는 실업계 고등학교 학생들과 거의 비슷한 수준이다. 또한 미국 고등학생들의 평균 14점, 미국 대학생들의 평균 15~16점에 비해 절반 이하의 수치다.

자아와 세계에 대한 깊은 이해가 없이 대학의 간판과 수능 점수를 계산하여 선택한 전공 공부가 재미있을 리 없다. 학습의 동기가 분명하지 않고 열정이 없기 때문이다. 당연히 그 방면의 전문 지식과 소양을 충실히 쌓지 못하게 되고, 이는 전공을 살려 취업하는 데 치명적인 약점이 될 수밖에 없다. 설령 어렵게 취업은 했다 해도 경력과 전문성을 쌓아가는 데 계속 걸림돌로 작용하게 된다. 신

---

* 김태선, 「대학생용 진로 정체감 검사의 타당화 연구」, 2003년도 서울대학교 대학원 교육학과 석사학위 논문

입 사원들의 잦은 이직에는 그러한 배경이 있다고 볼 수 있다. 또한 이것은 앞으로 청년 실업이 만성화될 가능성이 높다는 진단을 뒷받침해준다.

역경 지수(AQ)가 낮은 아이들

한국의 부모들은 자녀가 장차 가지게 될 직업에 대해 관심이 많은 편이다. 돌잔치에서 아이가 집는 물건으로 적성이나 진로를 예견하는 습속이 그러하고, '너 커서 뭐 될래?' 라는 질문을 자주 던지는 것도 그러하다. 그런데 어느 순간부터 (대체로 중학교에 들어가게 되면서) 그러한 관심은 갑자기 희미해진다. 대학입시를 향한 경쟁이 시작되면서 우선 좋은 대학에 들어가고 봐야 한다는 생각에 당장의 점수 따기에만 집중하는 것이다. 그리고 그 과정에 매우 깊숙히 개입하여 완전히 자기 일로 삼는다. 자녀의 일거수일투족을 모니터링하면서 관리하는 부모의 노심초사, 그 밑바탕에도 역시 두려움이 자리 잡고 있다. '한국교육은 이웃집 아줌마가 망친다' 는 말처럼, 다른 아이보다 한 치라도 뒤질세라 불안해하며 자녀를 닦달하는 마음은 서로를 매개로 증폭되면서 집단 노이로제로 악화되는 속성이 있다. 그 불안과 두려움은 그대로 아이에게 전가된다.

그 결과 아이들의 성장판에 심각한 결함이 생긴다. 다른 나라에서는 사춘기에 접어들면 아이들이 서서히 부모의 자장권을 벗어나 인간관계를 다양하게 확장하고 경험의 폭을 넓혀간다. 그런데 한국의 청소년들은 오히려 더욱 부모의 지배 아래 들어가게 된다. 그들의 일상과 인생은 부모에 의해 기획되고 관리되는 것이다. 해마다 주요 대학에서부터 시작하여 사설 학원에 이르기까지 입시 설명회를 개최하는데, 1만여 명 정도 모이는 경우도 있다. 요즘 세상에 그렇게 많은 사람들이 자발적으로 모이는 집회도 흔치 않다. 그런데 거기에 모여든 사람 대부분은 입시를 치를 당사자인 수험생들이 아니라 그 부모들(대부분 엄마들)이다.

성인이 된 나이에 자기가 직접 알아보고 챙겨야 할 중요한 일들을 그렇게 부모들이 나서서 대행해 주는 나라가 또 있을까 싶다. 말하자면 스스로 체험하거나 만들어가야 할 '세상'의 많은 부분을 부모에게 맡기는 셈이다. 부모가 짜놓은 틀이 그들의 생활을 장악하고 있다고 해야 할 것이다. '타자'와 '세상'을 이해하고 교섭하는 방법을 터득해가는 과정에 결정적으로 약한 고리가 생기는 것이다. 그 결과 지금 한국의 많은 젊은이들에게는 성장에 꼭 필요한 좌절과 극복의 경험이 생략된다. 그와는 대조적으로, 가정이 온전하지 못하여 부모의 돌봄을 거의 받지 못하는 아이들은 그 나이에 감당하기 어려운 극심한 좌절을 겪는다.

AQ라는 것이 있다. 역경 지수(adversary quotient)라는 것이다. IQ 못지않게 중요하다고 강조되는 EQ, NQ(네트워크 지수) 등과 함께 새롭게 부각되는 능력이다. AQ는 살아가면서 부딪히는 좌절을 얼마나 의연하게 딛고 일어서는가를 가늠하는 지수다. 그것은 IQ와 비례하지 않는다. 아니 한국 같은 사회에서는 공부를 잘하는 아이일수록 오히려 AQ가 낮을 확률이 높다. 실제로 모범생들 가운데 자그마한 실수나 좌절로 걷잡을 수 없는 슬럼프에 빠져 위기를 심화시키는 경우를 종종 본다. 이유는 간단하다. 실패의 경험이 많지 않기 때문이다. 부모가 미리 예비해 놓은 확실하고 안전한 길을 착실히 따라가는 아이들에게 시행착오란 없다. 어쭙잖게 제멋대로 했다가 좌절할 경우 그에 따르는 부모의 질책이 가혹하기에 쉽사리 모험을 하지도 못한다. 지금까지는 IQ로 집약되는 능력이 중시되었다면, 불확실한 시대를 살아갈 아이들에게는 이제 점차 AQ가 중요한 능력이 되고 있다. 아이들에게 필요한 것은 스스로 선택하고 그 결과를 평가하고 책임지는 경험이다. 시행착오를 통해 자아와 세상을 알아가는 학습이다.

그런데 많은 부모들이 그 소중한 기회를 박탈하고 있다. 모든 것을 엄마가 대신해 준다. 친구의 이야기가 떠오른다. 자기가 사는 아파트에 하버드대학에 진학한 아이가 있었다고 한다. 그 아이를 엘리베이터 같은 데서 마주칠 때마다 인사를 건네곤 하는데, 그 아이는 전혀 대답을 하지 않는다고 한다. '내년에 대학에 들어가겠구나', '공부하기 힘들지 않니?' 같은 질문에 고개만 푹 숙이고 있고, 그때마다 늘 옆에 붙어 다니는 어머니가 대신 대답해 준다는 것이다. 초등학교 때부터 특수 그룹과외를 받아온 그 아이는 결국 금년에 하버드대학에 입학했고, 어머니는 그 아이를 뒷바라지하기 위해 함께 미국으로 건너갔다고 한다. 여러 가지 궁금증이 생긴다. 그렇게 수동적이고 타율적인 아이가 어떻게 하버드대학에 입학할 수 있었을까? 오로지 시험만을 겨냥해서 자원봉사부터 자기소개에 이르기까지 철저하게 준비시키는 '한국인'의 주도면밀함이 주효했으리라.

하버드대학 입학까지는 철저한 족집게 과외식 전략으로 입학할 수 있을 것이다. 그러나 우리가 잘 아는 대로 미국 대학은 입학이 아니라 졸업이 문제다. 언제면 그 아이가 독립할 수 있을까? 대학을 졸업하고 직장을 다닐 때도 어머니가 계속 붙어 다녀야 하는가? 그 험난한 학업 수행에 치맛바람은 아무런 도움이 되지 않는다. 어려운 과제에 즐겁게 도전하고, 실패를 통해 기꺼이 배울 수 있는 내공이 절실하다. 바로 여기에 한국 학생들의 아킬레스건이 있지 않을까. 자녀의 성공을 위해 모든 것을 희생하고 온전히 헌신하는 어머니들은 엉뚱하게도 정신적인 미숙아, 사회성의 백치들을 키우고 있는 것은 아닐까.

세상살이는 점점 불확실해지고 인생의 길은 갈수록 험준해지고 있다. 이런 가운데 자신의 삶을 선택하기 위해서는 위험을 감수해야 한다. 실패의 가능성을 무릅쓰고 부딪쳐 보아야 한다. 실패는 자아나 세계에 대한 피상적인 인식을 돌파하면서 그 다음 단계로 나아가게 이끌어 주는 실마리다. 그것은 학습의 중요한 과정이다. 그런데 지금 한국의 젊은이들은 그처럼 위험을 감수하는 리스크 테이킹(risk taking)을 하지 못한다. 실패가 두려워 남이 가지 않은 길에 감히 도전하지 못한다. 그래서 안전한 길을 택하지만 그것은 궁극적으로 더 큰 위험을 자초할 때가 많다. 실패에 대한 내성이 필요하다. 자신과의 대화를 통해 인생의 고유한 목표를 찾아내는 안목, 그것을 향해 대담하게 발걸음을 내딛는 용기가 필요하다. 부모는 이를 위해 어떤 역할을 할 수 있는가.

단선적 인과론을 넘어서

무례함을 무릅쓰고 감히 존경하는 교수님께 글을 올립니다. 아들의 장래를 걱정하는 아비의 심정을 너그러이 헤아려 주시기 바랍니다. 편지를 올리는 이유는 스물두 살인 제 아들 때문입니다. 제

아들 녀석은 요즘 마땅한 일자리가 없다는 것, 그리고 자기 인생이 제 궤도를 벗어났다는 생각 때문에 심각한 실의에 빠져 있습니다. 게다가 녀석은 대개 겸손한 사람들이 그러하듯 자신이 가족에게 짐이 되고 있다는 생각에 짓눌려 있습니다. 실례인 줄 알면서도 교수님께 간곡히 부탁드리는 것은 제 아들 녀석이 다시 삶과 일에서 기쁨을 느낄 수 있도록 몇 마디 격려의 글을 써주십사 하는 것입니다. 덧붙여서 혹시라도 녀석에게 이번 학기나 다음 학기라도 조교 자리를 주실 수만 있다면 감사한 마음 말로 다 표현할 수 없을 것입니다.

이 편지는 다름 아닌 아인슈타인의 아버지가 아들의 지도 교수에게 보낸 것이다. 20세기 최고의 물리학자이자 인류사에 남을 천재였던 그도 이십대 초반은 그리 잘 풀리지 않았다. 아인슈타인은 졸업 후 마땅한 직장이 없어서 어느 특허 사무실에서 7년 동안 특허 내용을 읽고 요약해 상사에게 보고하는 일을 했다고 한다. 아인슈타인은 그 기간에 주경야독을 하면서 뛰어난 연구 업적을 쌓아갔다. 그러나 위의 편지에서 짐작할 수 있듯이 그전까지 아버지는 염려가 적지 않았던 모양이다. 그때나 지금이나, 그리고 동양이나 서양이나 부모의 자식 걱정은 끝이 없는 듯하다. 그런데 만일 아인슈타인의 아버지가 지금의 한국 아버지들을 보면 무슨 생각을 할까. 한국에서 영어를 가르치는 어느 캐나다인이 기러기 아빠 현상을 보면서 쓴 글 가운데 다음과 같은 대목이 있다.

나는 그 기러기 아빠도 사회에서 경쟁력 있는 사람이 되기 위해 어느 누구보다도 열심히 공부했고, 치열한 경쟁을 뚫고 그 자리에서 있다는 걸 잘 알고 있다. 그가 그 정도의 위치에 오기까지 미뤄온 행복도 있을 텐데 그는 지금도 역시 '견디고 포기하는 행복'에 익숙해 있었다. 나는 그 기러기 아빠의 삶을 닮을지도 모를 그의 자녀들의 미래가 궁금해졌다. 내가 본 한국의 많은 부모들은 그 자신이 공부라는 유일한 목적에 충분히 시달리고 난 뒤에도, 부모가 된 다음에는 오로지 그들 자녀를 '가르치는 일'에만 몰두하고 있는 것 같다.

여기에서 '가르치는 일'이란 직접 가르치는 것이 아니라 교육을 뒷바라지하는 것을 말한다. 필자는 한국의 부모들을 의아스럽게 바라보고 있다. 오늘 여기에서 누릴 수 있는 자신의 행복을 저당잡히고 먼 훗날 자녀의 행복을 위해 삶을 희생하는 모습은 너무나 측은하다. 그 자녀 역시 나중에 어른이 되고 결혼을 해서 자기 자식의 먼 훗날을 위해 행복을 유보하게 된다면 그 얼마나 서글픈 불행의 대물림인가. 자녀의 교육을 위해 헌신한다고 생각하는 어른들은 자문해야 한다. 우리의 이 모든 수고는 궁극적으로 무엇을 위한 것인가. 인간이 인간에게 세대를 넘어 물려줄 수 있는 가장 고귀한 유산은 무엇인가.

인간의 성장과 생활에서 정서적 자원을 생성하는 일차적인 관계는 가족이다. 특히 근대 도시화 이후 지역사회가 해체된 상황에서 부모의 역할은 사회화 과정에 결정적이다. 타자에게 자신이 전폭적으로 받아들여진다는 것을 확인하면서 세상은 살 만한 곳이라는 느낌을 갖도록 해주는 상대는 바로 부모다. 부모와의 관계가 탄탄하고 안정된 가운데 자라난 사람은 세상에 대해 긍정적인 시선을 가질 수 있고, 자신감을 가지고 인생 길을 찾아나갈 수 있다. 또한 교우 관계를 원만하게 맺고 타인과 효과적으로 소통하면서 협동하는 사회적 지능도 발달한다. 바로 그 점에서 한국의 젊은이들은 치명적인 결함을 갖고 있다. 미래에 대해 두려움을 갖고 인간관계의 어려움을 겪는 이유의 상당 부분은 부모와의 관계 부전(不全)에서 찾을 수 있다. 한마디로, 부모는 아이들의 삶에 결정적인 지렛대다. 그런데 그토록 중요한 부모와의 관계가 온전하지 못하다는 것은 인격 성장에 심각한 결함이 되기 쉽다.

부모들이 자녀와 원만한 관계를 맺지 못하는 근본적인 이유는 자녀에 대해 갖는 강박 때문이다. 그리고 그 강박의 바탕에는 매우 단순한 논리가 깔려 있다. 과학이 지배하는 시대에 우리는 매사를 인과관계의 도식으로 인식하는 습관이 있다. 인간과 삶을 바라보는 눈이 지극히 단순한 결정론에 빠지는 경우가 얼마나 많은가. '평생 성적 초등 4학년에 결정된다'는 식의 담론이 얼마나 많은 부모와 아이들을 두려움으로 몰아넣는가. 입시 제도나 교육 정책을 아무리 바꿔도, 학교의 구조를 개혁해도 부모들의 생각이 바뀌지 않으면 아이들은 인질 신세에서 벗어나지 못할 것이다. 대학 진학 한 방으로 인생의 등급이 정해지는, 또는 정해진다고 믿는 게임의 룰에서 가혹한 중압감에 시달릴 수밖에 없다.

인생은 몇 가지 일반론과 사회과학적 도식으로 환원될 만큼 그렇게 간단하지 않다. 배움과 성장에는 엄청나게 다양한 경로가 존재한다. 전혀 예측하지 않은 사건이나 만남에서 인생의 진로가 정해지거나 바뀌는 예도 무수히 많다. 어떤 조건이 결과를 보장하지는 않는다. 한 번도 외국에 나가 본 적이 없는데도 유창한 영어를 구사하는 사람이 있는가 하면, 조기 유학에 여러 해 동안 엄청난 돈을 투자했음에도 원어 수업을 제대로 이해하지 못하는 아이도 있다. 공부를 못해도 얼마든지 성공한 사람들이 있고, 성공하지 못해도 행복한 사람들도 많다.

단답형 사고와 단선적 인과론 그리고 흑백론적 결정주의가 우리를 무력하게 만든다. 어설픈 도식과 이미지로 미래를 예단하고 한정짓기 때문이다. 그래서 몇 가지 결점이나 제약 조건을 절대화하면서 스스로 위축되어 버린다. 그러나 핸디캡을 극복함으로써 오히려 커다란 성취를 이룩한 사례를 우리는 수없이 알고 있다. 지금 드러나 있는 현상 이면에 감춰진 잠재 능력, 획일적인 시스템으로 평가되지 않는 존재 가능성을 보는 눈이 청소년과 부모들에게 필요하다. 장차 펼쳐질 일생의 시나리오에 대한 다양한 상상력을 복원할 때 우리는 천박한 결정론의 횡포와 강박에서 벗어날 수 있다. 그 자유로움에서 생성되는 생명의 에너지로 자신만의 고유한 미래를 창조해갈 수 있다. 어려움이 없을 것이라고 기대해서는 안 된다. 아이들이 살아갈 세상은 몹시 암울하다. 그러나 그런 상황을 통해 삶을 배우며 자기의 길을 헤쳐나갈 것을 믿어 주어야 한다.

일상의 기쁨으로 인생의 길 찾기를

자신이 얼마나 무지(無知)한지를 아는 것이 진정한 지식이다.

— 공자

공자의 이 가르침은 배움의 근본을 되돌아보게 한다. 살다 보면 알고 있다고 착각한 채 저지르는 오류가 얼마나 많은가. 또 잘못 알고 있는 지식을 적용하여 그르치는 일이 얼마나 많은가. 자신이 무엇을 모르는지를 모른다면 알려고 할 수 없다. 지적인 오만은 질문을 원천 봉쇄한다. 자신이 현재 알고 있는 것도 끊임없이 의심하고 그 한계를 넘어 더 큰 앎으로 나아가고자 하는 의지가 없으면 비좁은 지식에 갇히기 쉽다. 자신의 무지를 깨닫는 것이 무지몽매의 굴레에서 벗어나는 지름길이라는 진리를 공자는 설파하고 있다.

그런데 우리가 살아가면서 필요한 지식의 대상은 무엇인가. 세상의 이치와 사물의 본질을 간파하는 것과 함께 자신에 대해 정확하게 파악하는 것도 매우 중요하다. 그렇다면 공자가 말한 '무지'를 후자에도 적용할 수 있으리라. 자신에 대해 얼마나 무지한지를 아는 것이 진정한 지식이라고. 다시 말해 내가 지금 알고 있는 '나'가 전부가 아니라는 말이다. 그것은 누구나 자기의 생애를 조금만 돌아보면 확인할 수 있다. 10년 전에 알고 있던 '나'와 오늘 드러난 '나' 사이에 얼마나 많은 차이가 있는지 가늠해 보면 장차 드러날 '나'의 모습이 지금과 얼마나 다를지도 짐작해 볼 수 있다. 물론 아직 내가 모르는 '나' 가운데는 부정적인 것도 있겠지만 긍정적인 잠재력도 무궁하다고 봐야 한다.

그런 점에서 '무지'는 축복이다. 더 정확하게 말해 '나'에 대한 무지를 깨닫는 것은 자아의 미래형에 대한 무한한 상상을 촉발한다. '무지(無知)'에서 한 글자만 바꿔서 '미지(未知)'로 만들어 보자. 전자는 대개 부정적 의미로 쓰이지만 후자는 매우 긍정적인 뉘앙스를 풍긴다. 그냥 모르는 것이 아니라 '아직' 모르는 것이기 때문이다. 언젠가는 알게 될 그것을 향해 나아간다고 생각할 때 인생의 블루오션 같은 것을 기대할 수 있다. 그러한 상상력을 가로막는 것은 자기 자신에 대한 고정관념이다. 고정관념이라는 것이 얼마나 강력한지를 생각하게 하는 에피소드 하나가 있다.

2004년 12월 인도네시아와 태국 일대에 쓰나미의 대재앙이 엄습했다. 그때 많은 사람들이 순식간에 목숨을 잃어버린 사태 속에서 구사일생으로 생명을 지킨 다양한 에피소드들이 전해졌다. 그 가운데는 코끼리 덕분에 죽음을 모면한 사람들도 있었다. 동물들은 지진 등의 자연 재해에 매우 민감하게 반응하는데, 그날 쓰나미가 발생했을 때 어느 지역에서는 코끼리들이 갑자기 산으로 뛰어올라갔다. 그런데 그 주변에 있었던 사람들이 무슨 영문인지 모르고 있다가 덩달아 쫓아 올라갔는데, 얼마 지나지 않아 거대한 해일이 밀려들었다고 한다.

그런데 그 사건에서 주목할 만한 점은 코끼리들이 자신의 발에 묶여 있던 쇠사슬을 끊고 뛰어갔다는 것이다. 워낙 다급한 상황에서 특별한 힘을 발휘한 것이라고 생각할 수 있지만 사실은 그게 아니었다. 애써 그렇게 하지 않았을 뿐 평소에도 코끼리들은 얼마든지 그 사슬을 끊을 수 있다고 한다. 왜? 바로 여기에 사육사들의 꾀가 숨어 있다. 사육사들은 코끼리들이 아주 어릴 때부터 사슬을 묶어놓기 시작하는데 그 이유가 있다. 당연히 처음에는 빠져나가려고 발버둥치게 마련이다. 그러나 그 작은 몸집으로는 불가능한 탓에 여러 번 시도하다가 결국에는 포기하고 만다. 심리학에서 말하는 '학습된 무기력'에 젖어드는 것이다. 결국 코끼리들은 나이가 들어 몸집이 커져도 그 '생각'이 바뀌지 않는다. 그래서 사슬만 묶으면 얌전하게 자리를 지키고 있는 것이다. 쓰나미가 닥쳤을 때 코끼리들은 순간적으로 그것을 잊어버리고 뛰쳐나간 것이다.

이 이야기를 통해 인간의 한 단면을 비춰볼 수 있을 듯하다. 바로 자기 자신에 대한 '고정관념'이다. 누구나 저마다 생각의 집을 짓고 살아간다. 그것이 있기에 이 엄청난 정보들을 처리할 수 있고, 자신만의 주체적인 관점으로 세상을 해석할 수 있다. 말하자면 그것은 인간으로서 삶을 가능하게 하는 토대다. 그러나 역설적이게도 생각은 인간을 일정한 틀 속에 가두어 두는 굴레가 되기도 한다. 사물을 늘 같은 방식으로만 받아들이게 하면서 무수히 다양한 가능성과 대안들을 찾지 못하게 만드는 것이다. 타자에 대한 편견이나 선입견은 그로 인해 빚어지는 전형적인 결과물 가운데 하나다. 그러한 고정관념은 자신의 능력에 대해서도 한정지을 때가 많다. 성장과 교육의 과정에서 우리는 '나는 무엇 무엇은 할 수 없다'는 생각을 갖게 되는 듯하다.

종종 대학입시 자율화를 둘러싼 논쟁이 격렬해진다. 자유롭게 인재를 선발해 글로벌 대학으로 업그레이드해야 한다는 주장과 학력을 통한 계층 재생산과 사회 양극화를 염려하는 입장 사이의 갈등이다. 그런데 그러한 논쟁과는 별도의 차원에서 깊이 생각해 보아야 할 것은 젊은이들이 다양한 삶의 경로를 밟아갈 수 있을 것인가 하는 점이다. 일류대에 가는 엘리트든, 도저히 그 축에 낄 수 없는 평범한 젊은이든, 그들에게 공통적으로 필요한 것은 세상과 인생에 대한 무한한 상상력이다. 아직까지 존재하지 않았던 가치를 생산할 수 있는 창조적 발상과 그것을 밀고 나갈 수 있는 용기다. 그 가치는 반드시 노동 시장을 통해서만 실현되거나 돈으로만 보상받는 것은 아니다. 가장 넓은 의미에서 그것은 우리가 추구하는 행복의 대안적 이미지다. 삶의 기쁨과 보람을 누릴 수 있는 다양한 방식과 자아의 무한한 존재 가능성에 눈을 열 수 있어야 한다.

정부와 기성세대는 젊은이들에게 그러한 꿈을 심어 주어야 한다. 생텍쥐페리는 이런 말을 한 적이 있다. "배가 필요하다면 사람들에게 배를 만드는 법을 가르쳐 주기만 해서는 안 된다. 그 배를 통해서만 바다에 나가려고 하기 때문이다. 그보다는 아이들로 하여금 바다를 미치도록 그리워하게 하라. 그러면 어떻게 해서든 바다로 나갈 것이다." 머리에 지식은 잔뜩 채웠지만 그것으로 무엇을 할 것인지 생에 대한 동기부여가 취약한 청년들에게 이제 가슴 뛰는 미래의 비전을 보여 주자. 원대한 '블루오션'을 바라보는 젊은이들은 멋진 배를 만들어 대항해에 나설 것이다.

지금 젊은이들에게 가장 절실한 것은 의미 생성의 내밀한 공간이다. 사소한 것들에서 생각과 느낌을 이끌어내는 마음, 그리고 그것을 나눌 수 있는 관계다. 사춘기 이후 아이들에게 가정이 그러한 장소가 되는가. 부모는 그 파트너가 될 수 있는가. 일상의 시시콜콜한 체험을 나누며 공감대를 형성할 수 있는가. 부모와 자녀가 서로의 마음을 섬세하게 살피며 생각과 느낌의 실타래를 잇기에는 세상이 너무 요란하고 분주하다. 엄청나게 거창하고 허황된 목표들에 휘둘리고 얽매여서 자아와 타인의 심경을 헤아리고 빚어내는 삶의 촉수가 무뎌진다. 생소한 세계에 대한 호기심도 척박하다.

문화인류학 교양강좌에서 학생들에게 색다른 과제를 내준 적이 있다. 과제명은 「낯선 사람의 눈으로 세상 들여다보기」였다. '낯선 사람'을 다음과 같이 정의했다. '삶의 조건이나 경험 세계의 면에서 자신과 전혀 다른 사람, 이번 과제가 아니라면 자신의 인생에서 직접 만나 이야기해 볼 기회가 전혀 없을 것 같은 사람.' 수강생들은 그런 인물을 찾아가 인터뷰나 관찰을 해야 했다. 오늘의 그가 있기까지 인생 여정, 생활의 전반적인 조건, 그의 생각과 애환 등을 파악하여 정리해 제출하는 것이 과제의 내용이었다. 거기에 깔린 '학습 목표'는 타인의 인생을 깊이 들여다봄으로써 문화에 대한 질적 감각을 키우고, 이 세상에 얼마나 다양한 삶의 세계가 존재하는지를 발견하는 것이다.

학생들은 이 과제를 받고 처음에는 모두 난감해했다. 착실하게 주어진 공부만 해 대학에 들어왔고, 캠퍼스에서도 코드가 맞는 몇몇 친구들끼리만 어울리는 학생들로서는 당연한 반응이다. 그러나 바로 그런 편협한 테두리를 넘어서 전혀 생소한 사람에게 다가가 말을 걸고 생각을 들어 보도록 하는 것이 이 과제의 의도였다. 다행히 학생들은 과제를 착실하게 수행해 주었다. 선정된 대상은 매우 다양했다. 이주 노동자, 노숙자, 맹인 악사, 산후 조리사, 바텐더, 연극배우, 김밥 아줌마, 권투 선수, 벤처기업 사장. 그 가운데는 고생 끝에 가까스로 섭외가 이루어져 인터뷰를 성사시킨 경우가 꽤 많았는데, 그런 학생들일수록 어려움을 극복한 데 대한 뿌듯함이 컸다.

한 가지 흥미로운 반응은 전혀 다른 세계에서 살아가는 타인들과 의외로 말이 잘 통하더라는 것이었다. 자신의 전공에 대해 심각하게 고민하던 한 건축학도는 권투 선수와 인생 이야기를 나누다가 종교관으로까지 심화되었는데, 대화에 너무 몰입하여 자신이 지금 숙제를 하고 있다는 사실을 잊어버렸다고 한다. 젊은 나이에 이혼한 아버지와 살고 있는 한 여학생은 어느 환경미화원의 생활을 관찰하며 아버지의 노후를 상상하게 되었는데, 그동안 아버지의 마음고생에 대해 너무 무심했음을 새삼 깨달았다고 했다. 노래방 여주인을 24시간 꼬박 따라다닌 한 학생은, 환갑이 다 된 아줌마가 주도면밀하게 일상을 경영하고 미래를 준비하는 모습에 깊은 감흥을 받았다고도 했다.

1990년대 이후 한국에서는 젊은이 문화의 독특함을 부각시키면서 세대차를 강조하는 담론이 꾸준한 흐름을 형성해왔다. 물론 기성세대와 젊은 세대는 서로 엄청나게 다르다. 그러나 그 차이에만 매달리는 동안 공통분모를 놓치고 있는 듯하다. 표면적인 현상들만 가지고 호기심으로 대상화하면서 이질성을 증폭시키는 것이다. 이제 다름과 같음을 입체적으로 포착하면서 소통의 접점을 다각적으로 탐색할 일이다. 그것은 의도적으로 경계를 넘어서는 작업을 필요로 한다. 문화인류학 시간에 내준 그 과제는 이를 위한 하나의 시도였다. 학생들의 리포트에서 가장 많이 나온 단어는 '용기'와 '관심'이었다. 처음에는 얼핏 엄두가 나지 않았지만 막상 부딪혀 보니 의외로 벽은 그다지 두텁지 않았다는 것, 이질적으로 보이던 사람들의 마음을 진지하게 두드리니 두터운 통로가 열리더라는 것이다.

과제 수행에 대한 몇몇 학생들의 소감이 매우 인상 깊었다. 생전 처음 대하는 사람과 짧게 나눈 대화에서, 웬만한 친구들과의 일상적인 관계보다 한결 농밀하고 깊은 무엇을 느꼈다는 것이다. 짐작컨대 인터뷰 대상자들도 비슷한 체험을 했으리라 본다. 비좁은 인간관계와 자의식의 밀실에서 벗어날 때 삶의 테두리는 확장된다. 낯선 이들에게 다가가 말을 걸고 그 삶을 마주하면서, 우리는 자아를 낯설게 바라볼 수 있다. 세상을 드넓게 만날 수 있다.

젊은이들이 불안한 것은 세상을 모르기 때문이기도 하고 자기를 모르기 때문이기도 하다. 자기를 모르기 때문에 세상과의 접점을 찾지 못하는 것이고, 그러면서도 부와 위신에 대한 눈높이가 높아서 두려움이 커지는 것이다. 그리고 그 두려움은 부모와 자녀 사이의 관계를 통해 증폭된다. 그 악순환이 계속되는 한 교육개혁은 헛돌 뿐이다. 아무리 좋은 제도를 도입하고 교육 환경이 개선되어도 마음 깊은 곳에 세상에 대한 공포감은 그대로 남아 있을 것이기 때문이다. 젊은이들은 또래와의 관계에서 무언가를 얻어보려 하지만 상대방 역시 마찬가지로 내면이 허약하고 곤궁하기에 만남은 겉돌 뿐이다.

존재의 용기를 회복해야 한다. 일상을 기쁨의 에너지로 채우면서 인생의 항로를 담대하게 모색하는 열정이 필요하다. 핵심은 자아의 창조성이다. 삶의 가치를 만드는 것은 바로 자기 자신이라는 점을 직시할 때, 그리고 내 생애의 멋진 시나리오를 자유롭게 상상할 때, 부질없는 두려움은 조금씩 사라진다. 부조리 가득하고 비정한 세상이지만 우리는 그 안에서 의미 있고 행복한 삶의 자리를 만들 수 있다. 그러한 창의성과 지혜를 발견하고 북돋는 관계를 세대를 가로질러 이루어낸다면 거기에서 교육의 새로운 텃밭을 가꿔갈 수 있을 것이다. 오늘 우리에게 요구되는 교육의 상상력은 그러한 비전을 그리는 힘이다.

두 가지 종류의 지성이 있다. 그 하나는 아이가 학교에 들어가 책에서 혹은 교사에게서 개념을 배우고 암기를 하면서 배우는 지성, 전통에서 또한 새로운 학문에서 배우는 지성이다. 그러한 지성의 힘으로 너는 세상에서 일어선다. 등급에서 남을 앞서기도 하고 남에게 뒤처지기도 한다. 그 지식을 습득하는 능력에 따라 그 지식의 장 안팎으로 드나들며, 네 안의 지식의 판에 더 많은 지식을 새긴다.

또 다른 종류의 지성이 있다. 네 안에 이미 완성되어 존재하는 지성, 샘에서 흘러넘치는 샘물 같은 지성. 그 신선함이 가슴 한가운데를 적신다. 이 지성은 시들지도 썩지도 않는다. 그것은 늘 흐른다. 그것은 주입식 학습의 경로를 통해 밖에서 안으로 들어오는 것이 아니다. 이 두 번째 지성은 샘의 근원이다. 네 안에서 밖으로 흘러넘치는.

— 젤랄루딘 루미

chapter 5

평생학습으로 가는 길

배우고 익힌다는 것

"學而時習之, 不亦說乎" 『논어』의 첫 구절은 참으로 평이하다. "태초에 말씀이 계시니라. 그 말씀이 …… "처럼 웅장하고 그럴듯하게 시작하지 않는다. 시공간의 한계를 넘어 우주를 설파하는 명제, 삶의 신비한 본질을 꿰뚫는 언설이 아니다. 배우고 때로 익히면 즐겁지 아니한가. 그야말로 '공자님 말씀'이다. 누구도 반박할 여지가 없이 지당한 이야기인 것이다. 동양을 대표하는 성현의 한마디 치고는 너무 시시하다. 그런데도 그 책이 인류의 지혜를 담은 대표적인 고전으로 남아 있는 것은 왜일까. 그 첫 구절이 여전히 중요하게 언급되는 배경에는 무엇이 있을까.

고전의 생명력은 그 문장들을 어떻게 번역하느냐에 달려 있다. 우리가 교과서에서 읽고 외운 '배우고 때로 익히면 즐겁지 아니한가'는 그 핵심을 제대로 살려내지 못하고 있다. 늘 지적되고 있듯이, 우리의 고전 번역은 아직도 매우 미흡한 실정이다. 동양 고전의 경우 어쩌면 같은 한자 문화권이다 보니 글자 하나하나를 꼼꼼히 파고들지 않는지도 모른다. 지금도 사용하고 있는 의미소(意味素)들이기에 글자를 그대로 옮겨놓아도 뜻이 통할 것이라 여기고,

독자들도 그 뜻을 이해했다고 착각하기 일쑤다. 반면에 서양에서는 아예 다른 언어권이다 보니 번역을 할 때 의미를 깊이 해부하는 경향이 있는 듯하다. 그래서 유가나 도가 등 많은 고전들을 영어 번역으로 읽으면 한결 쉽고 분명하게 뜻을 헤아릴 수 있는 경우가 많다.

그렇다면 『논어』의 첫 구절은 영어로 어떻게 번역되어 있을까? 여러 가지로 번역되었지만 눈에 띄는 것 가운데 하나가 "Is it not pleasant to learn with a constant perseverance and application?"이다. 여기에서 키워드는 무엇일까. 'constant perseverance'와 'application'이다. 원문에서 무슨 글자가 여기에 대응하는가. 바로 '時'와 '習'이다. 우리는 '時'를 '때로' 또는 '때때로'라고 번역해왔다. 오해하기 쉬운 풀이다. 그 말은 '이따금'이나 '종종', 즉 영어로 말하자면 'sometimes'나 'often' 같은 의미로 들리기 때문이다. 살다가 심심하고 좀 허전할 때 가끔 공부도 하면 즐겁지 않겠느냐고 해석되는 것이다. 그러나 공자의 가르침은 그것이 아니다. 그동안 너무 놀았으니까 공부 좀 해야지, 하면서 생각날 때 공부하라는 말씀이 아니다. 영어 번역이 그것을 잘 풀어내고 있다. 한국어로 말하자면 '꾸준하고 끈기 있게' 배워야 한다는 말이다. 쉼 없이 나아가는 지속성이 중요하다.

그 다음으로 '習'이 'application'으로 번역되는 것은 왜일까. 우리는 '학'과 '습'을 늘 붙여서 한 단어로 사용한다. 그리고 그 뉘앙스는 학교에 들어가기도 전에 시작하는 '학습지'로 연상된다. 그런데 '習'이라는 글자를 보면 새의 깃털을 뜻하는 '羽'(우)자 밑에 '白'이 들어가 있다. 신영복 선생은 『강의』에서, 그 뜻을 '부리가 하얀 어린 새가 날갯짓을 하는 모양'이라고 풀이한다. 그 해석에 따라 '학습'이란 개념을 분석해 보자. 어미가 날갯짓을 하는 것을 보면서 그 원리를 배우는 것이 '學'이라면, 그것을 보고 자기 몸으로 직접 시도하고 시행착오를 반복해가면서 터득하는 것은 '習'이라고 할 수 있다. 즉 '習'은 실행인 것이다. 배운 바를 현실에 적용하는 'application'이다.

신영복 선생은 그러한 의미 체계 속에서 '時'를 해석한다. 그것은 여러 가지 조건이 성숙한 '적절한 때', 영어로 하면 'timely'라는 것이다. 위에서 소개한 'constant perseverance'와는 또 다른 풀이가 된다. 사실 동양고전학자들 가운데는 그 의미로 해석하는 경우가 많은데, '學'과 '習'의 개념 구분에 근거해서 보자면 앞뒤가 맞아떨어지는 면이 있다. 즉 원리를 충분히 배우고 나서 실행에 옮기는 것은 적절한 시기를 기다려 해야 한다고 볼 수 있다. 어설프게 배워놓고 선불리 실행에 옮기면 오히려 모든 일을 그르칠 수 있으므로 때가 충분히 무르익은 후에 그렇게 해야 한다는 것이다.

고전의 재미는 그렇듯 하나의 문장이나 단어가 여러 가지로 해석될 수 있다는 점에 있다. 시대 상황 또는 독자에 따라서 언제나 새롭게 의미가 생성되는 것이 그러한 텍스트들의 힘이다. 'timely'와 'constant perseverance'는 매우 상이한 의미다. 『논어』는 간단하게 글로 축약해 놓았을 뿐이기에 어느 것이 정답인지, 공자가 말씀하실 때 어떤 뜻이었는지는 알 길이 없다. 그러나 어느 것을 취하든 문맥에 잘 맞아떨어지고, 각각 심오한 메시지를 내포하게 된다. 『논어』의 이 첫 구절은 평생학습 시대의 화두로 재조명될 수 있다.

한국의 평생학습은 어떤 상황인가. 한국에서 초등학생이 하루에 스스로 공부하는 시간은 6시간, 대학생은 3시간이라는 통계가 나왔는데, 성인들은 그보다 훨씬 적다. 2004년에 발표된 통계청과

OECD의 자료에 따르면 성인의 평생학습 참여율은 OECD 회원국 가운데 최하위권이라고 한다. 덴마크나 미국 등은 50퍼센트를 넘어서는 데 비해 한국은 17퍼센트로 회원국 평균인 35퍼센트의 절반에도 미치지 못하고, 한국보다 낮은 나라는 폴란드와 포르투갈 2개국뿐이다. 그리고 '생활에 필요한 문서 해독 능력'에서도 끝에서 다섯 번째로 낮은 수준으로 나타났다. 문맹률은 세계에서 가장 낮지만 문장의 해독력은 상대적으로 떨어지고, 특히 대졸자들끼리의 비교에서 크게 뒤지는 것으로 밝혀졌다.

2007년도 통계는 조금 다르게 나왔다. 교육인적자원부와 한국교육개발원이 평생학습 참여율 등에 관해 조사해 발표한 「2007 평생학습 실태조사」에 따르면 25~64세 성인의 평생학습 참여율(학교나 일터, 지역사회에서의 학습 참여)은 29.8퍼센트로 OECD 국가 평균 26퍼센트보다 높은 참여율을 보였다. 그러나 '취미 · 여가 · 스포츠' 영역 참여율이 높고, 참여 시간은 다른 국가들과 비교할 때 매우 낮아 질적 제고가 필요하다고 진단된다. 아이들에게는 공부하라고 닦달하지만 정작 어른들의 지적 수준이나 성장은 형편없는 것이다. 성인의 학습이 저조하다는 것은 국가 경쟁력 및 기업 생산성에 치명적이다. 지속적인 학습이 점점 중시되는 후기 산업사회에 매우 중대한 위기라고 할 수 있다.

어른들이 자신의 배움을 소홀히 여기는 데는 한 가지 중요한 고정관념이 작용한다. "공부=학교교육=청소년기"라는 도식이 그것이다. 즉 공부는 학교에 다니면서 하는 것이고, 학교는 청소년기에만 다니는 것으로 여기는 것이다. 이는 근대 사회의 전형적인 라이프코스에 상응하는 관념이다. 산업 사회에서는 일정한 연령 때까지 표준화되어 교육되는 '학교지(知)'의 패키지를 습득하고 그 실력에 따라 사회적인 입지가 부여되었다. 또 평생 그것으로 연명할 수 있었다. 한국은 급속한 스피드로 산업화에 성공하는 과정에서, '일류대학 졸업장=인생의 행복'이라는 도식을 견고하게 만들었다. 그래서 십대들은 사춘기의 행복을 모두 보류하고 입시에 처절하게 전력투구하는 현실이 되었다.

문제는 상황이 바뀌었는데도 그 관성이 너무 강력하게 작용한다는 데 있다. 공부가 학교의 시공간에 한정되어 있던 산업화 시대를 지나 학교를 넘어선 배움을 실행해야 하는 지식정보 사회에 우리는 살고 있다. 지식의 혁신이 숨 가쁘게 일어나기 때문에 끊임없이 배워야 한다. 그러니까 학교를 졸업하고 나서 어른이 되어서도 계속 공부하지 않으면 안 되는 것이다. 지식정보 사회에서는 학교에서 배운 것만으로는 버틸 수 없다. 이제 배움의 범위는 학교를 훌쩍 넘어서게 된다. '학교를 넘어선다'라고 함은 시간과 공간의 두 축으로 이야기할 수 있다. '학교를 졸업한 이후에도', 그리고 '학교의 울타리 바깥에서'다. 'constant perseverance'와 'timely'는 전자에, 'application'은 후자에 대응하는 의미로 배치될 수 있지 않을까.

왜 학교의 한계를 말하는가. 학교에서는 교사들이 교과서를 중심으로 학생들을 가르친다. 그런데 교사들의 공통점이 한 가지 있다. 태어나서 줄곧 학교에만 있었다는 점이다. 학교 이외의 사회를 경험한 것이라고는 남자 교사의 경우 군대 정도뿐이다. 이 점은 교과서를 만드는 교수들, 그리고 교육 정책을 담당하는 관료들의 경우에도 크게 다르지 않다. 학생들이 장차 살아가야 할 다양한 직업 세계를 경험했거나 경험하고 있는 이들이 거의 없는 것이다. 다만 그러한 현실에 대한 지식을 추상적으로 전달할 뿐이다. 물론 그것이 무의미한 것은 결코 아니다. 지식이라는 것 자체가 워낙 현실과 일정한 거리를 두면서 생산되고 유통되는 속성을 지니고 있다는 걸 고려해야 한다. 멀찍이서 대상을 조망할 때 그 본질을 확연히 포착할 수 있는 경우가 많다.

그러나 그러한 추상성과 이론적 지성은 구체적인 현실과 유기적으로 엮이고 조응될 때 진가를 발휘한다. 사람은 자신이 실제로 경험하거나 고민한 바를 가지고 씨름할 때 강렬한 배움의 동기를 충전한다. 현대인들은 성인이 되었을 때 삶의 실제에 본격적으로 부딪히게 된다. 특히 한국에서는 청소년기에 입시에 매진하고 대학에 들어가서는 입사 준비에 만전을 기하느라 다른 나라에 비해 특히나 경험의 세계가 비좁고 얄팍하다. 그런 반면 이른바 '사회'에 나가서 부딪히는 현실은 그 어느 나라보다도 격렬하고 요란한 파동으로 가득 차 있다. 그런데 정작 그 시기를 통과하는 나이에는 이미 학습 엔진이 노후화되어 자아를 갱신하지 못하게 된다. 그 결과 숨 가쁘게 몰아닥치는 변화에 주책없이 휩쓸려 다니거나 가까스로 적응하기에 급급하다.

시민의 성장과 마을 만들기

평생학습이 강조되고 중요해지는 것은 세계적인 추세다. 한국의 상황은 어떤가. 직업적인 차원에서 평생교육의 필요성은 꽤 널리 인식되고 있다. 지식과 기술의 수명이 날로 짧아지는 상황에서 끊임없이 자신의 능력을 업그레이드하는 과업이 점점 많은 직업인들에게 요구되고 있다. 고용이 불안해지고 승진 경쟁이 심화되면서 자격증 하나라도 더 따놓는다든지 외국어 실력을 쌓기 위해 공부에 열을 올리는 성인들이 많아진다. 주5일제 근무가 시행되면서 늘어난 여가 시간을 이런 자기계발에 투자하는 경향이 늘어나고 있다. 그리고 정부 차원에서도 실업 내지 노동 시장의 유연화에 대비하여 노동자들의 재충전을 지원하는 정책을 시행한다.

그러나 평생학습의 필요성은 그러한 직능과 관련된 지식과 기술에 관련해서만 제기되는 것이 아니다. 주5일제 근무 및 수업 시대와 고령화 사회를 맞아 점점 늘어나는 여가 내지 비노동 시간을 어떻게 풍요롭게 채울 것인가? 실제로 한국에서도 다양한 학습 요구가 드러나고 있고, 그에 부응하여 다양한 프로그램들이 교육 상품의 형태로 등장하고 있다. 여가 차원에서 성인들의 지적인 욕구를 충족시키고 더 나아가 자아실현을 꾀하는 프로그램들이 꽤 높은 비중을 차지한다. 주부가 주 대상인 교양 강좌의 성격을 띠는 것이 많다. 그러한 흐름과 병행하여 교육과학기술부는 평생학습을 정책의 주요한 과제로 설정하고, 지자체가 평생학습 도시가 될 수 있도록 유도하고 지원하고 있다. 거기에 맞물려 평생학습에 대한 논의와 정책이 지자체 차원에서 최근 활발히 펼쳐지고 있다. 많은 지자체가 '평생학습 도시'라는 구호를 내걸고 기반과 체제를 다져가고 있다.

대략 살펴보았듯이 평생학습이라는 이름으로 시행되는 교육의 스펙트럼은 직능 교육에서 교양 강좌에 이르기까지 대단히 폭넓다. 그런데 현재 진행되는 평생학습의 상황을 돌아볼 때 아직 매우 취약한 영역이 있다. 그것은 바로 '시민'의 성장을 도모하는 학습이다. 여기서 시민이란 단순한 거주민과 달리 도시의 살림에 대해 관심을 가지고 공적 영역에 참여하는 주체를 말한다. 평생학습의 궁극적인 목표는 그러한 시민을 길러내는 데 있다. 그런데 그것은 사회의식을 고쳐시키는 계몽의 프로젝트만으로는 한계가 있다. 자신이 살아가는 지역의 현실을 다각도로 이해하면서 정체성을 만들어가는 작업, 삶의 현장의 구체적인 과제들을 고민하고 해결책을 모색하는 과정에서 시민 의식은 자연스럽게 성숙하는 것이다.

그런 점에서 볼 때 평생학습이란 매우 포괄적인 과제다. 그것은 지역 전체를 아우르며 삶의 구조를 바꿔내는 작업과 병행되어야 한다. 따라서 어느 특정 행정 부서만의 일로 국한될 수 없는 것이다. 그리고 문화와 관련된 다른 많은 일들이 그러하듯이 이것 역시 행정이 주도해야 하는 일이 아님은 말할 것도 없다. 시민들이 배움의 주체로 성장할 수 있도록 행정은 여건을 만들고 필요한 것을 지원해야 하는 것이다. 그리고 그 임무를 원활하게 수행하기 위해서는 행정 조직 자체부터 학습 조직으로 전환해야 한다. 그러한 기준에서 볼 때 현재 한국에서 평생학습 도시를 천명한 지자체들의 상황은 어떠한가. 겉으로는 거창한 슬로건을 내세우지만 실제로는 매우 부실하게 추진되는 평생학습 정책이 적지 않다.

진정한 학습 사회로 나아가기 위해서 무엇이 필요한가? 성인들을 위한 교육 프로그램을 대폭 개발하고 그것을 공급할 수 있는 시설과 재원을 마련하는 것이 필요하다. 그러나 인간의 학습은 그렇듯 한정된 시공간에서만 이루어지는 것이 아니다. 지금과 같이 삶이나 지역과 단절된 학교의 모습과 제도는 근대 사회의 특수한 산물이다. 오랫동안 인간은 다양한 경험을 통해 자연스럽게 배웠고 동네는 그 자체로 거대한 교실이 되었다. 특히 수많은 사람들이 만나고 다양한 활동이 벌어지는 도시는 그 자체로 문화의 용광로가 될 수 있다. 학습 도시의 참 모습은 도시 전체가 배움의 현장이 되는 것이다.

이러한 변화는 특별히 청소년들의 성장과 학습에 중요한 의미를 갖는다. 딱딱하게 굳은 지식을 일방적으로 전수하는 교육의 패러다임에서, 학생들의 관심사에 따라 다양한 텍스트를 구성하고 발전시키도록 북돋는 학습 지원의 패러다임으로 전환해가는 가운데, 학교는 새로운 위상을 찾을 수 있다. 그 학교는 기존의 하드웨어로서의 학교 공간을 넘어서 지역사회로 확대되어 간다. 도시 안에는 다양한 체험의 기회와 풍부한 학습의 텍스트가 담겨 있다. 정보 사회에서 정보와 지식이 생성되고 유통되는 현장은 어디든 학교가 된다. 대학, 문화센터, 주민체육시설, 박물관, 도서관 등은 물론 시민단체, 관청, 교회, 기업, 병원, 보육원, 방송사 그리고 더 나아가 동네의 빵집이나 미용실까지도 배움터가 될 수 있는 것이다. 다양한 사람들이 일하고 배우고 살아 숨쉬는 그러한 현장이야말로 세상을 체험적으로 익혀 가는 교실이라고 할 수 있다.

서울시립 청소년직업체험센터(하자센터)에서는 2004년 8월초 「도시를 삼킨 캠프 이야기」라는 도시형 캠프를 열었다. '서울, 공간으로 이야기하기', '서울에서 힙합하기', '음식문화 기행', '거리에서 영화 만나기', '내 안의 글로벌', '그럴 듯한 관광' 등 다양한 영역으로 나누어 3박 4일 동안 조밀한 프로그램이 진행되었다. 그 핵심은 10대들이 새로운 눈과 호기심으로 도시를 발견하고 말을 걸어 보는 것이었다. 상품 스펙터클에 가려져 건물과 도로의 물리적인 조합으로만 여겨져 온 도시 공간에서 재미있는 활동의 실마리를 찾고, 거대한 익명의 군중 속에 실종되어 있던 인연들을 탐색하면서 도시는 새로운 삶의 무대로 발견되는 것이다. 모두가 도시를 동경하고 이주해왔지만 정작 도시에 대한 애정과 프라이드가 없는 우리의 현실에서, 도시와 그렇게 사귈 수 있도록 접점을 만드는 것은 미래의 시민을 키우고 문화를 배양하는 효과적인 전략이라고 본다.

그러한 작업은 지역사회에도 적용할 수 있다. 마을을 교육과 문화의 공간으로 바꿔내면서 주민들 사이에 커뮤니케이션의 장(場)을 확대하는 것이다. 그 속에서 청소년들은 대중문화의 소비자로서만 규정되어온 자기 아이덴티티를 지역문화의 생산자 쪽으로도 확장할 수 있을 것이다. 그리고 자신의 존재가 부모가 아닌 다른 어른들, 즉 사회에서 승인받고 있음을 확인하게 된다. 그러한 인간적 관심의 상호 그물망 속에서 청소년과 어른들은 새로운 타인과 자아를 발견하게 될 것이다. 배움을 통해 지역사회와 도시 공간의 성격을 근원적으로 바꿔가는 사회적 활동이 바로 우리가 지향하는 학교다. 금전적인 가치로만 환산되는 토지를 삶이 깃드는 터전으로 되돌리는 작업을 통해 도시는 사람 냄새를 회복할 수 있다. 관계와 소통의 그물망 속에서 학교는 더 이상 기계적인 주입과 규율이 아니라 상호작용과 성장의 학습 생태계로 거듭날 수 있다.

그런 문화의 토대 위에서 도시계획의 성격도 바뀌어갈 수 있다. 위에서부터 일방적으로 밀어붙이는 관료 프로젝트가 아니라 시민들의 역동적인 상호작용이 삼투하는 마을 만들기로 나아가는 것이다. 사물과 사물과의 관계, 사물과 생활과의 관계, 그리고 사람과 사람과의 관계를 유기적이고 조화롭게 엮어내는 작업에 다양한 주체들이 참여한다. 그리고 그 목표는 경제의 성장과 생활공간의 쾌적함을 양립시키는 지역을 건설하고, 시민들의 자유로운 교류에 의해 공공 문화를 배양하는 것이다. 그 속에서 주민들이 자기 동네에 대해 주인의식을 가지고 뿌리를 내리면서 건강하고 아름다운 삶터를 가꾸어가는 것이다. 평생학습 도시의 건설은 바로 그러한 삶의 질 제고와 맞닿아 있다고 볼 수 있다.

마을 만들기는 결과보다 그 과정에 훨씬 더 큰 의미가 있다. 답을 찾는 것보다 질문 자체를 만들어가는 것이 더 중요한 것이다. 답을 찾는 작업에는 전문가의 역할이 꽤 큰 비중을 차지하지만 그에 선행되는 질문을 제기하는 일은 주로 주민들에 의해 이루어져야 한다. 이것이 가능하기 위해서는 주민들이 자신이 살아가는 환경을 새롭게 보는 눈이 열려야 한다. 이를 위해서는 시민들이 지역에 대한 정보를 충분히 가져야 한다. 아는 만큼 보인다. 지역에 대한 리터러시(literacy)가 높아지면서 보다 쾌적한 삶터를 만들어가는 소통과 행동의 연대가 형성될 수 있다. 이는 곧 체계적이고 집중적인 학습을 요구한다. 배움의 인연을 계기로 자조와 협동의 공동성이 증진되고, 자치와 참여의 공공성이 확대되는 것이다.

그러한 학습은 어떤 소재나 주제에 대한 관심을 공유하는 사람들의 그룹 활동을 통해 효과적으로 이루어질 수 있다. 마을의 공간과 그에 담겨 있는 지역 생활에 대해 여러 가지 배율의 렌즈를 들이대고 살펴보면서 대안적인 목표 공간 이미지를 도출해내는 디자인 게임이 이미 다양하게 개발되고 실행되어왔다. 그러한 워크숍을 통해서 구체적인 대상을 상대로 살아 있는 학습이 이루어질 수 있는 것이다. 지역 안에는 무궁무진한 테마가 널려 있고, 그 하나하나를 중심으로 학습 커뮤니티가 결성되어 마을 만들기에 필요한 정보를 생산할 수 있다.

예를 들어 지역에 서식하는 새를 관찰하여 그 종류와 분포를 지도에 기록한다든지, 교통량을 조사하고 사고 위험 지역들을 체크하는 것 등이 그것이다. 그 외에도 지역의 가장 매력적인 포인트 찾아내기, 어린아이나 노인들이 즐겨 찾는 곳 조사하기 등 그 아이템은 그야말로 무궁무진하다. 이러한 프로그램을 통해 주민들은 단지 지적인 차원뿐만 아니라 오감(五感)을 동원해 체험하면서 느끼는 감수성 훈련을 할 수 있다. 그리고 그를 통해 심화되고 확대된 지역 인식을 자유로운 상상력과 결합시킴으로써 창조적인 집단 활동 에너지를 이끌어내는 다양한 프로그램도 마련되어 있다. 이 과정에서 주민들은 자주적인 학습의 장을 확보하고 시민 사회의 문화적 기반을 마련해가는 것이다.

그리고 그러한 작업의 성과는 축제의 콘텐츠가 될 수 있다. 지방 자치 실시 이후에 대형 이벤트는 많이 늘었지만 시민이 스스로 만들고 참여하는 축제는 부족하다는 지적이 늘 제기되어왔다. 이를 보완하기 위해서는 소규모 단위에서 시민들이 나서서 발언하고 자기를 표출하는 마당을 다양하게 열어야 한다. 그렇게 되기 위해서는 그 마당을 준비하는 과정에서부터 주민들의 참여가 이루어져야 하고 그 과정 자체가 이미 축제의 일부가 되어야 한다. 그것은 단순한 놀이에 그치지 않고 지역의 미래상을 예시하고 시뮬레이션하는 장이 될 수 있다. 예를 들어 소각장 굴뚝에 아름다운 색깔을 입히기 위해 시민들이 종이로 굴뚝 모양을 만들어 그 위에 여러 디자인을 해서 경진대회를 벌인다든지, 동네에 비어 있는 공유지를 쌈지공원(자투리 땅을 이용해 만든 공원)으로 만드는 데 주민들이 직접 공동작업을 통해 오프닝 축제를 벌이는 등의 사례는 지역문화에 대한 새로운 상상력을 불러일으킨다.

주민들 사이의 문화 교류

평생학습은 주민들끼리 서로 가르치고 배우는 재미로 풍부하게 활성화된다. 프로가 되기 위한 것이 아니라면 아마추어들끼리의 교류를 통해서도 얼마든지 학습은 가능하다. 이미 그러한 목적으로 꾸려지는 동호회가 많이 있고, 이는 사이버 네트워크를 통해 더욱 활성화되고 있지만 지역사회 차원에서는 아직도 매우 빈약한 실정이다. 누구나 다른 사람들을 가르칠 수 있는 재능을 가지고 있다. 예를 들어 농촌에서 자라난 노인들의 경우 아이들에게 연이나 팽이 같은 전통 장난감 만드는 법을 가르칠 수 있고, 음대 출신의 전업 주부는 이웃에게 악기 연주를 가르칠 수 있다. 왕년에 연극반 활동을 한 아저씨는 주민들을 모아 연극 무대를 꾸밀 수 있을 것이다.

지역에서 시민들 사이에 이러한 문화 학습이 활성화되기 위해서는 어떤 자원들이 어디에 있는지에 대한 정보가 충분히 파악되어야 하고 또한 접근 가능해야 한다. 그러한 학습과 활동을 실현할 수 있도록 자원들을 파악하여 연결하는 시스템이 필요하다. 벼룩시장 같은 정보지를 통해 어떤 물건이 필요한 사람과 제공할 사람이 만나듯, 어떤 문화 프로그램을 가르칠 수 있는 사람과 배우고 싶은 사람이 만날 수 있는 교류의 장이 있어야 한다. 그것은 일대일의 사적인 차원이 아니라 지역문화 창출이라는 큰 틀 속에서 영위되어야 한다. 그리고 그것을 실현할 수 있는 구체적인 시스템이 존재할 때 개인은 자신이 가지고 있는 자원을 내놓고 나누려는 의지가 생길 것이다.

도시문화의 활성화를 위해 힘을 기울여야 할 인재 육성의 또 하나의 영역은 문화예술 전문인들이다. 앞서 2장에서 언급했듯이 오늘 한국의 문화교육은 엘리트주의로 편향되면서 일반인들의 심미안과 생활문화의 격조를 높이는 데는 실패해왔다. 시민들의 아마추어 예술활동이 지속적으로 발전하고 더 나아가 공공문화의 레퍼토리로 숙성되기 위해서는 프로들의 도움이 필요하다. 이미 경기도 문화의 전당 같은 경우 전문 예술단원들을 문화 소외지역에 파견하는 '멘토 프로그램'을 실시한 바 있다. 그리고 예술인과 시민 사이의 새로운 접점을 찾는 시도로서 일본 오사카 시가 진행하는 한 실험은 참고가 될 만하다.

일본 오사카 시에서는 2001년 10년 계획으로 「예술문화 액션 플랜」이라는 것을 시작했다. 그 핵심은 예술이 지역과 시민들의 삶에 뿌리내리도록 하는 것인데, 여기에 전문 예술인들이 중추적으로 참여한다. 장기적인 비전을 세우고 그것을 구체적인 문화 프로그램으로 기획하여 실행하는 사업 일체를 '치프(chief)-프로듀서-스태프'의 서열로 조직화된 예술인들에게 맡긴다. 그런데 이들은 책상에만 앉아서 구상하고 주장하는 것이 아니라 직접 시민들에게 다가간다. 재능이 있는 아이들의 예술교육에 자원봉사자로 나서고, 연주회 홍보 전단지를 직접 나눠 준다. 그리고 콘서트에서는 자신이 연주하는 곡의 내용과 의미를 직접 해설함으로써 클래식에 대한 친밀감을 높여 준다. 이러한 일에 300여 명의 예술가들이 참여하는데, 이는 시민문화의 저변을 확대함으로써 자신의 관객을 창출하는 일이라고 할 수 있다.

한국에서도 지휘자가 청중에게 곡에 대해 설명하는 음악회가 있기는 한데, 거의 청소년을 대상으로 하고 있다. 일반 시민들을 대상으로 그러한 프로그램을 굴리기에는 아직 풍토가 충분히 조성되어 있지 못한 듯하다. 그를 위해서 반드시 선행되어야 하는 것은 그러한 의지와 능력을 가진 예술인들을 키워내는 교육이다. 개별 장르의 코드에 갇혀 있지 않고 그것을 가지고 청중들과 소통할 수 있는 언어와 센스, 더 나아가 그러한 상호작용을 불러일으키는 기획 마인드를 함양해야 한다. 어차피 모두가 일류 연주가가 될 수 없는 마당에 시민 문화의 실질적인 업그레이드를 도울 수 있는 문화 촉매자로서의 전문성을 개발하는 것은 하나의 대안이 될 것이다.

다른 한편, 박물관을 지역 주민들의 문화 교류의 장으로 변환시키는 방안도 생각해 보자. 박물관은 물건을 통해 역사를 만나는 공간이다. 그런데 역사는 과거가 아니라 현재진행형의 시간이다. 지금 여기에서 영위되는 삶은 역사를 구성하는 요소인 것이다. 따라서 역사를 현재에 대한 관심이나 문제의식으로 바라볼 때 과거는 더욱 생동감 있게 다가온다. 자신의 생활세계를 낯설게 바라볼 수 있다면 선인들의 생활상에 대해서 한층 구체적인 호기심을 가지고 말을 걸 수 있지 않을까. 중요한 행사 때 종종 행해지는 타임캡슐이라는 프로그램은 그런 차원에서 의미를 부여해 볼 수 있을 듯하다. 몇 십 년 또는 몇 백 년 후에 후손들에게 남겨줄 현시대의 징표들을 선정하여 보관하는 행위는 단지 후대를 위한 것만이 아니다. 그를 통해 자기 이해의 폭을 넓히고 현재에 대한 성찰을 기를 수 있다.

그러한 이벤트를 응용한 프로그램 하나를 제안해 본다. 동네 주민들이 각자 자기 집에 있는 물건 가운데 가장 오래된 것 몇 가지를 엄선하여 내놓는 전시회다. 그를 통해 가족사를 새삼 의식하면서 세월의 결을 더듬어 볼 수 있으리라. 가재도구의 수명이 점점 짧아지는 오늘날 할머니 할아버지 때부터 물려받은 물건은 큰 의미를 지닌다. 일정한 지역을 대상으로 문화센터 같은 공간을 빌려 전시한다면 멋진 시민 교류 프로그램이 될 수 있다. 기나긴 삶의 흔적이 담긴 물건들을 통해 이야기가 생성되고 공유되기 때문이다. 그를 위해 박물관은 물건의 선별과 진열에 관한 노하우를 제공할 수 있다. 자신에게 익숙한 일상과 그것을 구성하는 사물들을 그럴듯 멀리서 바라본 경험이 있다면 박물관에 갔을 때 그곳에서 접하는 전시물을 보면서 누릴 수 있는 상상의 즐거움도 배가될 것이다.

사물을 매개로 하는 지역문화 활성화 방안으로서 '재활용 공방(工房)을 통한 학습 프로젝트'라는 것도 제안해 본다. 쾌적한 환경을 가꾸고 자원을 아끼기 위해 재활용이 적극 권장되고 있다. 재활용이란 멀쩡한 물건을 다시 사용하는 것뿐만 아니라 고장 난 물건을 수리하여 사용하는 것도 포함된다. 그런데 지금의 가정에는 그러한 수리를 할 수 있는 여건이 마련되어 있지 못하다. 도구, 공간, 노하우, 인력 모든 면에서 부족하기 때문이다. 그래서 조금만 손질하면 사용할 수 있는 물건들이 쓰레기로 버려진다. 동네에 그러한 물건들을 한 군데서 수리할 수 있는 공방을 만들면 어떨까. 각 가정에서 개별적으로 처리하기 어려운 것들을 일정한 시간 또는 공간에 모여서 과학 활동의 일환으로, 그리고 놀이하는 기분으로 수행할 수 있다. 이를 통해 개인의 소유물이나 집안의 물건들 가운데 고장이 났을 때 바로 버리는 것이 아니라 수리하는 습관과 능력을 키울 수 있을 것이다.

여기서 중요한 것은 주민들의 참여다. 그러니까 그 고장 난 물건을 사용하던 소비자(주민)들이 직접 와서 수리를 하되, 거기에 필요한 도구와 지식을 공방에서 지원하는 것이다. 인간의 문화적인 욕망 가운데 하나로 '제작 본능' 내지 '장인 정신(craftsmanship)'이 있는데, 그것이 산업 사회에서는 거의 사장되고 있다. 공방은 그러한 잠재능력을 일깨우면서 거기에 배움과 교류의 즐거움을 더해주는 활동 공간이 될 수 있다. 자전거, 우산, 롤러블레이드, 가방, 그리고 위험하지 않은 가전제품 등 대상은 많다. 물론 거기에서 수리할 수 없는 것도 많다. 그러한 것은 각 제조업체가 운영하는 애프터서비스 센터와 연계하여 전문적인 도움을 받도록 해야 한다. 그래서 이 공방은 제품 사용에서 드러나는 소비자 불편 사항을 종합적으로 접수하는 기능까지 겸할 수 있다.

문화는 공간과 삶을 잇는 유기적인 고리들을 통해 생성된다. 성장 지상주의와 속도 숭배에서 벗어나 참다운 보람과 행복에 대해 시민들이 되묻는 작업을 통해 도시와 마을은 재발견될 수 있다. 지역사회 안에 존재하는 사물들의 의미를 다차원적으로 복원하고, 공공의 가치를 북돋는 사회적 참여 양식을 다양하게 개발하며, 시스템의 작동을 인간적인 체감으로 변환시키는 것이다. 그것은 자신의 삶터를 가꾸는 작업에 주체적으로 참여하는 마을 만들기를 통해서 가능하다.

세대를 잇는 학연(學緣)

가끔 텔레비전에서 방영되는 유아 프로그램을 볼 때면 늘 드는 아쉬움이 있다. 한국의 어린이 프로그램에서는 아이들의 '순수한 동심'을 진지하게 천착하지 못하고 있는 듯하다. 매우 표피적인 이미지와 상투적인 메뉴들로 볼거리를 대충 만들어 내보내는 영상에 아이들도 금방 식상해한다. 그 단적인 예로 한국의 어린이 프로그램에 나오는 어른들의 이미지를 들 수 있다. 한결같이 피에로 형상이다. 멜빵바지에 모자를 뒤집어쓰고 나와 아이들 말투로 이야기한다. 한국 사회에서 어른이 아이를 만나기 위해서는 억지로 유치해져야 하는 것 같다. 그것이 아니면 정반대로 권위를 가지고 훈계하는 방식이다. 이것은 우리 사회에 세대를 넘어서 소통하는 언어가 얼마나 빈곤한지를 그대로 반증한다고 할 수 있다. 왜 어른이 어른 모습 그대로 아이와 대화를 나누기 어려워하는가. 어른 대 아이가 아니라 한 인간 대 인간으로서 만나는 것이 그렇게 어려운가. 어른과 아이는 친구가 될 수 없는가.

평생학습은 어른과 아이들이 새롭게 만날 수 있는 계기를 제공한다. 그것은 어른뿐 아니라 학생 신분인 어린이와 젊은이들에게도 더 풍부한 배움의 장을 열어 준다. 지금 학교 바깥에서 의미 있는 학습이 이루어지지 못하는 가장 중요한 이유는 무엇인가? 학교와 집, 학원 이외의 공간이 청소년들에게 성장의 마당이 되지 못하는 까닭은 무엇인가? 시설이나 예산, 정책이 없어서가 아니다. 콘텐츠? 국내에서 개발되거나 외국에서 들여온 프로그램들이 차고 넘친다. 그렇다고 입시에 매여 다른 곳에는 시간을 낼 수 없다는 것만으로는 모든 것을 설명할 수 없다. 핵심은 사람이다. 배움의 즐거움을 알고 그것을 나눌 줄 아는 어른들이 없다는 것. 부모들이 자녀들에게는 초인적인 학습을 요구하면서 정작 자신은 공부와 담을 쌓고 살아간다는 것. 한마디로 어른들이 문제다.

공부하는 즐거움은 사라지고 성적에 대한 압박만이 만연하는 가운데 우리의 가정과 사회는 황폐해지고 있다. 폭발하는 정보는 학습을 촉진하기는커녕 혼란과 불안을 가중시킬 뿐이다. 정보를 선별하고 처리하면서 유의미한 지식으로 조합하는 것은 결국 개개인 또는 사회의 지적 능력에 달려 있다. 지금 우리 기성세대에게는 그러한 능력에 심각한 결함이 있다. 그 결과 지적인 대화가 실종되었다. 아이들은 어른들에게 질문을 하지 않는다. 어른들은 아이들에게 지적인 자극을 주지 못한다. 기성세대가 그 학습의 문화 유전자를 망각했다는 것은 문명의 위기가 아닐 수 없다.

학교 바깥에서 청소년들이 배움의 역동을 경험하기 위해서는 어른들이 그 파트너로 나서주어야 한다. 낭만적인 이야기가 아니다. 이른바 선진국들에서는 이미 실현되고 있다. 사회 전반에 생각하고 토론하는 기풍이 자리 잡혀 있어, 학습이라는 것이 공공의 자연스러운 문화로 정착되어 있다. 도서관이나 박물관, 문화회관, 과학관 등은 단순한 시설이 아니라 배움의 에너지가 생겨나고 확대 재생산되는 터전이다. 거기에서 어른들과 아이들은 나이의 장벽을 넘어서 만나고 대화를 나눈다. 지역의 오케스트라에서 70대 할아버지와 열 살 소년이 함께 연주한다. 세대를 가로질러 공유하는 언어와 문화의 유산은 곧 지식 사회의 경쟁력이기도 하다.

언젠가 일본의 과학관을 들렀을 때 부러웠던 점도 바로 그것이었다. 곳곳에 자원봉사로 안내하는 할아버지들이 배치되어 있었는데, 그분들은 대상자가 단 한 사람일지라도 매우 상세하게 전시물에 대해 설명해 주었다. 꽤 전문적인 지식을 요구하는 내용인데도 여러 질문에 척척 대답을 해주었다. 그리고 특정 코너만이 아니라 각 전시실 안에 있는 모든 코너에서 대응이 가능했다. 물론 어느 정도 교육을 받은 사람이라면 몇 달간 집중적으로 공부만 하면 그 정도 능력은 갖출 수 있을 것이다. 그러나 그것은 단순히 지식의 문제가 아니다. 더욱 중요한 것은 청소년들을 대하는 태도, 타인과 지식을 나누려는 열정이다. 그들의 눈빛에서 그러한 진정성을 만날 수 있었다. 그것은 그 사회가 지니고 있는 위대한 인프라다.

학교 밖 학습의 중요한 영역으로 떠오르는 인턴십도 그 성패는 훌륭한 멘토가 얼마나 있는가에 달려 있다. 부모나 교사의 위치도 아니고, 자신과 아무런 연고도 없는 젊은이들에게 자기의 경험과 지식을 아낌없이 나눠 줄 수 있는 어른의 존재가 결정적인 열쇠인 것이다. 생각해 보면 그것은 굳이 선진국이 아니어도, 근대 이전에는 어른들이 모두 그러한 역할을 당연하게 떠맡았다. 전통 사회에서 아이들이 무엇을 배운다고 할 때 그 현장은 곧 사회고 삶 그 자체였다. 거기에서 교사는 성인 모두였다. 수렵 채취에서 농경 그리고 상업에 이르기까지 가족의 울타리를 넘어서 가르침과 배움의 관계가 형성되어 있었다. 근대에 접어들어 학교가 교육을 전담하면서 그러한 관계는 서서히 사라졌고, 한국의 경우 급격히 소멸되어 왔다.

7차 교육과정에 체험학습이 강조되고 자원봉사가 의무화되어 있지만 실속이 없는 것은 왜 그런가. 대충 시간을 때우고 형식적으로 점수만 채워오면 자원봉사를 한 것으로 인정해 주는 풍토는 왜 바뀌지 않는가. 교육당국이나 학교만을 탓할 수는 없다. 교육의 능력이 거세된 사회가 결정적인 문제다. 직업이나 생활의 다양한 현장에서 벌어지는 일들을 학습의 콘텐츠로 변환시켜내는 상상력 빈곤이 그것이다. 그것은 근본적으로 어른들이 배우고 연구하면서 그러한 일들을 수행하지 않기 때문이다. 자기 자식이 아니면, 자기가 담당하는 학생이 아니면, 자기 학원에 돈을 내는 수강생이 아니면, 아무에게도 관심을 갖지 않는다. 그리고 부모와 교사가 아이들의 삶과 성장에 대해서 까맣게 눈을 닫고 있다. 사적으로는 교육열(熱)이 뜨겁게 타오르지만 공적으로는 한없이 빈약한 교육력(力), 그것은 지식 사회에 접어든 한국의 미래를 발목 잡는 굴레다. 어른들이 변화하지 않고서는 해법이 없다.

한국 사회 전반의 그러한 모습과는 대조적으로, 이웃 사이에 어른과 아이들이 배움의 인연으로 맺어지는 동네가 있다. 젊은 엄마 아빠들이 공동육아를 토대로 마을 만들기를 벌여온 서울 마포구의 '성미산마을'이다. 이 마을에는 유기농산물의 공동 구매를 주요 사업으로 하는 생활협동조합이 중심이 되어 다양한 지역 활동을 펼치고 있다. 유기농산물로 조리된 음식을 구매할 수 있는 '동네 부엌', 자동차 수리를 안전하게 받을 수 있는 '성미 차병원', 누구나 편안하게 차를 마시며 대화할 수 있는 카페 '작은 나무', 그 외 주민들의 각종 동아리 활동이 있다. 아동과 성인 대상의 살사댄스 동아리, 풍물패, 아빠들의 밴드 동아리, 영상 동아리, 사진 동아리, 연극 동아리 등이 그것이다. 그리고 일요일마다 성미산학교 아빠들과 동네 아이들이 함께 축구를 하는데, 이 동네 공동육아 출신 청소년들이 많이 참여하고 있다. 이렇듯 이 동네에서는 몸을 격렬하게 움직이는 프로그램이나, 저마다 '끼'를 마음껏 분출할 수 있는 예능 프로그램을 만들어 사춘기 청소년들이 정신과 육체의 에너지를 쏟을 수 있도록 하고 있다.

학습과 관련하여 획기적인 것은 '우리 마을 꿈터'라는 학습 공간, 그리고 사단법인 '사람과 마을'의 교육팀에서 운영하는 '성미산마을 배움터'가 그것이다. 생활협동조합 부설로 세워져 수익자 부담의 시스템으로 운영되다가 지금은 독립한 우리 마을 꿈터에서는 택견, 자전거, 축구 교실이 열린다. 그리고 '성미산마을 배움터'에서는 요가, 애니메이션, 노래, 사진, 요리 교실이 열리고, 박물관은 살아 있다. 바느질, 풍물, 가야금, 민요, 미술치료, 한국무용 등의 프로그램이 진행된다. 특기할 만한 것은 마을 사람이면 누구나 교사가 되어 자기가 가진 재능을 살려 강좌를 꾸릴 수 있다는 것이다. (강사료는 매우 저렴하다.) 방학 전에 강사를 모집하는데, 지원서와 강좌의 내용 등을 제출하면 심사 후 개설하여 운영한다.

생활협동조합에서 주최하여 어른과 아이들이 함께 참여하는 프로그램도 많다. 계절마다 생산지에 견학을 가서 여름 농촌체험캠프를 운영하는데, 조합원을 대상으로 교사(주로 학부모)를 모집하여 운영한다. 그리고 한 달에 한 번 환경영화를 상영하고 있으며, 먹을거리나 생태에 관한 조합원 대상 열린 강좌를 운영하고 있다. 그밖에도 카페 '작은 나무'에서 열리는 수요음악회는 아마추어의 공연을 어른과 아이들이 함께 관람할 수 있다. 그리고 매주 금요일에는 에너지 문제를 생각하기 위해 '캔들 나이트'를 하는데, 거기에서 바느질도 하고 밀랍 초를 만들기도 한다.

환경운동을 꾸준히 해온 어느 주부의 경우 마을학교에서 아이들이 손으로 직접 무엇인가를 만들고 움직이는 프로그램을 개발하는 데 열심이다. 그는 컴퓨터 게임에 너무 몰두해 걱정을 하는 부모들과 함께 공방을 만들었다. 게임을 하지 말라고 잔소리하는 것은 별효과가 없고 무언가 다른 활동에 흥미를 갖게 하는 것이 중요하다고 생각한 것이다. 공방에서 벌이는 프로젝트는 다채롭다. 예를 들어 보드게임 방에 가서 직접 놀이를 해보고 그것을 그대로 만들어본다든지, 동네에 버려진 개를 위해 개집을 만들어 주거나 또는 꼬마 아이들을 위해 인형을 만드는 일 같은 것이다. 그를 통해 자연스럽게 기하학적인 계산법을 원용하고, 드릴 사용법을 익히는 등 여러 가지 학습이 이루어진다.

　성미산마을의 교육 공동체가 어른들끼리 자족하는 관계에 머무는 것이 아닌 만큼, 그 안에서는 아이들도 어른들과 함께 배움을 형성해가는 파트너로서 분명하게 자리매김된다. 그리고 그러한 경험의 축적은 기존의 교육 방식과 관행에 얽매이지 않고 스스로 대안적인 교육 공간을 만들어갈 수 있다는 소신을 준다. 중요한 것은 이 모든 일에 부모들이 능동적으로 함께한다는 점이다. 그리고 성미산마을 교육공동체에는 동네 주민들이 저마다 지니고 있는 소질과 능력을 지역의 교육 자원으로 변환시켜내는 힘이 존재한다. 학습을 통해 삶을 풍부하게 가꾸어가는 어른들은 아이들을 자신이 살아온 한정된 경험과 지극히 협소한 세계관에 가두지 않고 함께 성장하는 기쁨을 누린다.

지속 가능한 삶을 위하여

> 리얼리티는 관계의 연결망이며, 우리는 그 연결망 속에서 일체감을 획득할 때 리얼리티를 인식하게 된다.　　　　—파커 팔머

　전통 사회에서는 10대에 이미 기본적인 사회화를 끝내고 어른의 세계에 편입되었다. 그러나 지금은 성인으로 자립하는 시기가 점점 늦어지고, 중년에 들어서도 노년에 이르기까지 계속 새로운 과제에 직면하면서 삶이 요동친다. 심리학자 에릭슨은 인간의 생애를 8단계로 나눠 각 시기별로 겪는 주요 상황과 거기에서 맞게 되는 위기를 정리한 바 있다. 그것은 인간의 라이프코스를 설명하

는 데 고전적인 이론이 되고 있다. 그 하나하나를 잘 살펴보면 우리의 인생을 적확하게 포착하고 있음을 알게 된다. 그런데 그 각각의 단계에서 어떤 자질과 태도가 필요한지에 대해서 학교에서는 전혀 가르쳐 주지 않는다.

그것은 온전히 평생학습의 몫으로 남는다. 성장, 그것은 청소년들만의 명제가 아니다. 사람은 일생을 통해 끊임없이 새로운 존재로 거듭나면서 성장해야 한다. 배움을 통하지 않고서는 자아를 갱신할 수 없다. 삶과 세계 그 자체를 더 넓고 깊게 이해하는 지성이 필요하다. 나는 무엇을 할 수 있는가? 자신이 인생에서 진정으로 원하는 것은 무엇인가? 생애의 의미와 보람을 어디에서 찾을 것인가? 이러한 질문에 차분하게 마주하면서 내면을 다져가는 사유, 하워드 가드너가 다중지능의 한 영역으로 말하는 '자기이해 지능 (intra-personal intelligence)'이 본격적으로 요청되는 시기가 바로 성인기다.

따라서 여기에서 중요한 것은 스스로 공부하는 것이다. '교육'이 아니라 '학습'이다. 그리고 학교라는 제도에 얽매이지 않고 필요와 욕구를 따라 유연하게 배울 수 있는 능력이다. 그러한 공부의 즐거움을 아는 어른들이 많아져야 한다. 대학 진학도 꼭 일정한 나이에 하지 않아도 되는 사회가 바람직하다. 무모하고도 자기 파괴적인 입시 게임에서 모든 세대가 자유로워지면서, 배움 그 자체의 기쁨을 삶의 보람으로 만들어가야 한다. 인생의 풍요로움과 경제적인 생산성을 함께 증진시키는 길은 곧 '학습 사회(learning society)'의 확장으로 통한다.

학습이란 무엇일까. 한마디로 삶을 배우는 것이다. 한 세대가 다음 세대를 재생산하는 일이다. 보다 나은 세상을 만들어 물려주면서 사람이 어떻게 살아야 하는지를 함께 깨닫고 나누는 과정이다. 인간은 오랜 역사에서 그 일을 어렵지 않게 수행해왔다. 전통이라는 거대한 프로그램이 작동하였기에 세대를 넘어서 문화의 유전자를 전승하는 것이 수월했다. 그런데 전통이 붕괴되고 학교라는 기구가 제도화되면서 인류는 매우 생소한 방식으로 다음 세대를 육성하기 시작했다. 어른들의 삶이 아이들의 배움으로 이어지는 회로는 급격하게 좁아지거나 단절되었다. 아이들은 사회라는 것을 추상적인 개념으로, 미디어를 통해 재현되는 이미지로, 그리고 또래 집단의 한정된 상호작용으로만 접할 뿐이다.

평생학습이란 배움의 시공간을 확장하여 세대간의 가교를 재건하고 앎과 삶 사이의 장벽을 낮추는 일이다. 그것은 학교가 짊어진 과중한 짐을 시민사회가 나누어 지는 것이다. 사회의 다양한 현장에서 어른과 아이들이 배움의 인연(학연)으로 만나고 함께 성장해 간다면 교사와 학교 당국 그리고 교육 행정의 부담도 그만큼 경감된다. 학교교육의 가장 중요한 목표는 학생들이 공부하는 방법과 즐거움을 터득하도록 돕는 데 있어야 한다. 그런 점에서 평생교육은 학교교육과 구별되는 성인교육이 아니다. 학교교육 자체가 평생학습의 일부로 다시 자리매김되어야 한다. 학교에서 학생들은 평생 배움을 지속할 수 있는 인간으로 스스로를 준비시켜야 한다.

그러한 전망에서 학교 바깥의 학습 공간을 풍부하게 활성화하는 것은 매우 긴요한 사회적·정책적 과제로 떠오르고 있다. 그것은 도시 문화의 활력을 불어넣는 동시에 제도교육의 과중한 부담을 덜어주는 작업이다. 거기에는 여러 차원의 과제가 내포되어 있다. 점점 심화되는 계층간의 격차와 맞물려 학력차가 벌어지는 현실에서 뒤처진 아이들에게 기초 학력을 다져주는 것, 파괴된 가족 관계나 심하게 헝클어진 마음을 바로잡으면서 삶의 질서를 세우고 긍정적인 자아 개념으로 생활을 관리할 수 있도록 돕는 것, 기존의 학교 체제와 교과목으로는 도저히 담아낼 수 없는 지적 욕구에 대응하여 다양한 학습 기회를 열어주고 그를 통해 자기 길 찾기를 해나 갈 수 있도록 안내하는 것, 21세기 지식정보 사회가 필요로 하는 문화적 감수성을 탁월하게 배양하는 환경의 확보 등이 그것이다.

그 각각은 목표와 해법이 조금씩 다르다. 그러나 동시에 풀어가야 할 과제들이다. 그 모두가 평생교육의 테두리 안에 포함된다. 거기에는 도시 공간을 학습의 그물망으로 엮어 사회적 소통과 공동의 경험을 확대하면서 삶터를 갱신해가는 프로젝트가 내포되어 있다. 그러나 그러한 조건의 변화가 의미 있는 결실을 맺기 위해서는 교육 그 자체를 끊임없이 업그레이드하는 작업이 병행되어야 한다. 그리고 그와 함께 교육의 기틀이 체계화되어 시민들에게 학습의 경로가 다양하게 제시되어야 한다. 그러한 소프트웨어의 질적인 제고와 시스템의 충실한 정비가 제대로 이루어지지 않은 채 평생교육 기관만 늘어난다면 그것은 또 다른 형태의 교육 부실과 예산 낭비로 이어질 것이다. 핵심은 사람이다. 열정과 기획력을 가지고 시민들에게 다가가 배움의 동기를 불러일으킬 수 있는 리더십이다. 지금은 그러한 휴먼웨어를 발굴하고 신장하는 데 에너지를 집중 투입할 때다.

사회의 변화는 한편으로 기존의 경계들을 희미하게 하면서 다른 한편으로 또 다른 경계들을 만들어낸다. 따라서 새로운 현실을 만들어내는 작업은 그러한 변화의 지형도를 정확하게 읽어내는 데서부터 시작된다. 그리고 더 나아가 의식적으로 어떤 경계를 지워가면서 새로운 경계를 설정하는 것도 필요할 것이다. 21세기가 요구하는 배움의 가능성을 탐색하기 위해서는 기존의 구태의연한 경계들을 유연하게 넘나들어야 한다. 학교의 안과 밖, 관과 민, 어른과 아이, 일과 놀이와 공부, 국어와 수학과 스포츠, 장르와 장르. 학교의 안과 밖을 가로지르면서 자아와 세상을 끊임없이 새롭게 만나는 체험, 도시는 그것을 지금 시민들에게 제공할 수 있는 또 다른 학교가 되어야 한다. 거기에서 어른들의 삶은 어떻게 달라질 수 있을까.

광명시의 평생학습원에는 100개 이상의 학습 동아리가 활성화되어 있다. 그 가운데 「숲이랑 물이랑」이라는 생태학습 동아리가 있는데, 회원들은 모두 주부다. 이들은 자신들이 살고 있는 도시의 숲을 관찰하고 연구하면서 자연을 새롭게 이해하는 기쁨으로 살아가고 있다. 거기에서 5년 정도 활동해온 주부들과 인터뷰하면서 그러한 학습 경험이 자녀와의 관계를 어떻게 바꾸었는지를 물어보았다. 그들의 이야기를 들어보자.

"우리가 자연을 보면서 큰 나무들만 보잖아요. 마찬가지로 자기 아이들이 큰 나무가 되어 두각을 나타내 주길 바랍니다. 그런데 저는 자연에서 작은 들풀을 보면서 많이 깨달았던 거 같아요. 이 들풀들이 비록 작지만 그 나름의 몫을 하고 있다는 것이지요. 우리 아이들의 몫은 어느 정도 큰 것일까요. 커다란 상수리나무도 될 수 있겠고, 아니면 아주 작은 들풀이 될 수도 있습니다. 그런 들풀에게 나무를 바라는 건 무리잖아요. 엄마로서 자식을 바라볼 때 그런 생각을 하면서 욕심을 줄일 수 있습니다. '저마다 자기에게 주어진 몫대로 자라나겠지'라고 생각하면서 조금 여유 있게 바라보는 눈이 열리는 것 같아요."

"아, 그거요. 매몰되는 거 있잖아요. 그냥 자기 앞의 것만 보고, 나만 보고, 이런 건데. 근데 내 문제만 큰 거고 막 이런 거라고 생각했던 것들이, 밖에 나가서 보면 이 조그마한 것들도 나름대로 살기 위해서, 생명의 뿌리를 내리고 보존하기 위해서 어떤 노력을 하며 살고 있는가. 이런 것을 보면서 느껴지는 것은 경이로움, 생명, 어떤 그런 것들 속에서 나를 보는 거죠. 나도 이런 가운데 살고, 노력하는 것이 기특하게 느껴지면서, 내 눈만이 아니라 전체적인 관점에서 볼 수 있는 눈이 좀 넓어졌다는 생각이 들었어요."

배우고 창조하는 즐거움을 알지 못하기에 현대인들은 소유와 권력을 향해 무한하고도 허망한 질주를 멈추지 않는다. 그리고 그것은 생태계의 위협으로 이어진다. 지속 가능한(sustainable) 생활양식을 디자인하는 일이 지금 인류의 중대하고 절박한 과제로 대두되었다. 학습이라는 행위는 엔트로피를 크게 발생시키지 않는다. 거기서는 오히려 생명의 순환을 도모하면서 삶의 보람을 일구어내는 창조가 이루어진다. 미지의 세계를 탐구하고 자아를 매력적으로 가꾸어가는 일을 인생의 모든 단계에서 수행하는 '평생학습(life long learning)'은 인간의 본성에 순응하면서 자연의 질서에 어울리는 고귀한 활동이다.